FRENCH BLUES

STÉPHANE MARCHAND

FRENCH BLUES

First
Editions

Savoir pour agir.

ISBN 2-87691-374-7
Dépôt légal : 2e trimestre 1997.

Nous nous efforçons de publier des ouvrages qui correspondent à vos attentes et votre satisfaction est pour nous une priorité.
Alors, n'hésitez pas à nous faire part de vos commentaires à :

Éditions Générales First
70, rue d'Assas
75006 Paris
Tél : 01 45 44 88 88.
Fax : 01 45 44 88 77.
Minitel : AC3*FIRST
Internet e-mail : first@imaginet.fr
En avant-première, nos prochaines parutions, des résumés de tous les ouvrages du catalogue. Dialoguez en toute liberté avec nos auteurs rt nos éditeurs. Tout cela et bien plus sur internet à : http//www.efirst.com.

A mon père, le fils de Texana.

Du même auteur :

Le Complot de novembre,
Éditions Jean-Claude Lattès, 1996.

SOMMAIRE

ARRÊT SUR IMAGE

La foule, d'abord. Elle est homogène, sans être uniforme. Tous les visages sautent aux yeux. Les gens existent, un par un. Un geste, une expression du visage, tout exprime une volonté d'être distinct des autres. Les traits, les déhanchements, les manières de mettre les mains dans ses poches, de relever une mèche rebelle, et mille autres détails sont uniques. Il se dégage de cette foule une impression de liberté. Elle est aussi en représentation. Sur les trottoirs du centre de Paris, les terrasses des cafés sont des scènes de théâtre où les spectateurs sont aussi acteurs, costumiers, maquilleurs. Après six années vécues aux Etats-Unis, la France est un régal pour les sens. Un AfFrancissage en douceur.

L'air est plus doux, plus léger. Un érotisme subtil flotte. Les femmes sont des femmes. Elles sont simples et jolies. Elles montrent leurs jambes, mettent leurs seins en valeur, se parent de mille manières différentes. Elles ne suivent pas la mode. Chacune d'elles est la mode. Leurs coiffures sont des messages jetés dans le vent. Elles n'ont pas pas toutes les cheveux mi-longs au carré. Beaucoup ont les cheveux courts. A les observer, on dirait qu'il existe des millions de chemisiers différents, une infinité de manières de dénuder son épaule, d'y suspendre son sac.

En un ballet attentif, volontairement sensuel et provocant, hommes et femmes vont, se suivent, se croisent, ont l'air de danser. Les yeux des hommes suivent les corps des femmes, qui s'y attardent un instant. Les regards se rencontrent, se quittent. Le désir est dans l'air. Un concentré de charme. Un contraire du piétinement unisexe made in USA, où hommes et femmes, indiscernables dans des vêtements sans forme, coiffés des mêmes casquettes, mâchent du pop-corn du même regard morne.

Passé le choc esthétique, l'autre surprise est affaire de volume. Entre Washington et Paris, le monde a dégonflé. Les rues sont étroites et les voitures qui les empruntent sont minuscules, nerveuses, ternes, sans ces coffres et ces ailes chromées qui font la fierté des paisibles automobilistes américains. L'espace manque. Les bras ne s'agitent pas en grands moulinets, on mesure ses gestes. Les petits trottoirs obligent à ralentir, à marcher en file indienne. Les gens aussi ont rapetissé. Ils sont moins grands, moins costauds, moins gros. La finesse des mollets féminins ajoute à la légèreté. Les façades d'immeuble aussi sont moins larges, les portions de frites plus ténues, les milk-shakes moins copieux. Ville de poupée.

Les gens courent à Paris, mais c'est une course élégante, pas une cavalcade de troupeau. Les visages sont expressifs, animés. On voit peu de sourires, mais ce sont de vrais sourires, pas des grimaces commerciales sur des mâchoires crispées. Ils illuminent d'un coup, pour quelques secondes, des visages pensifs qui, aussitôt, s'en retournent au songe. Il se passe quelque chose de mystérieux derrière ces visages. Les Parisiens ont l'air intelligent, cultivé, merveilleusement à l'aise avec la monumentale histoire qu'ils côtoient en permanence d'un air blasé, comme si, cette histoire, chacun d'entre eux la contenait toute entière. Ils n'ont pas l'air modeste, bien sûr, mais qui le serait, dans un aussi sublime décor?

D'autres villes magnifiques rayonnent dans le monde, mais, dans sa conviviale splendeur, Paris distille une majesté intime qui le rend incomparable. Sa dimension humaine est un écrin où s'épanouit son cœur historique. La beauté de la ville saisit sans assaillir par tant de monuments qu'entourent les immeubles d'habitation, mêlant la douceur de leur décor aux façades illustres. Après les *downtowns*

futuristes mais vides et sans âme d'Amérique, Paris
est apaisant. L'atmosphère unique du mariage de
l'histoire et de la vie captive le passant, porte à son
visage l'interminable souffle du passé. Paris n'écrase
pas ses promeneurs. Elle les berce de son charme
reposant, immuable.

Faut-il s'étonner que la France soit le pays le plus
visité au monde, loin devant les Etats-Unis? Chaque
année, 60 millions d'étrangers viennent découvrir
Paris. Et il n'y a pas que les touristes. Pendant la
même période, 20 millions d'hommes d'affaires fran-
chissent aussi nos frontières. La plupart d'entre eux
reviennent éblouis par la France, même si beaucoup
ont tendance à repartir consternés par les Français.

Au hit-parade de leur réquisitoire, le serveur de
café ou de restaurant, qui les a toisés de haut puis
servis avec un incompréhensible mépris dans le
regard. La liste est longue ensuite, depuis l'automo-
biliste qui ne leur a pas accordé la plus petite fraction
de seconde pour se garer avant de les agonir de son
klaxon, jusqu'à la vendeuse d'une boutique de mode
qui semblait si étrangement désireuse de les voir
sortir au plus vite de son magasin.

L'envers du décor met quelques semaines à émer-
ger dans la conscience du rapatrié, comme une
migraine sourde. Sans la gaieté, sans l'énergie, le
charme s'est alourdi, figé. La ville enchanteresse a des
airs de ville enchantée, ensorcelée. Enlevez les tou-

ristes tant honnis, que reste-t-il ? Un immense musée sans joie où s'agite un microcosme déconnecté, immensément préoccupé de lui-même. Le président vient de dissoudre l'Assemblée nationale et le Premier ministre promet d'un ton autoritaire une campagne législative « brutale » et « joyeuse ». Pour la joie, franchement, il n'a pas l'air très doué.

Sous Paris, le malaise augmente. Dans les souterrains, errant de rames en rames, ces hommes et ces femmes qui mendient. Tous les jours, ce sont les mêmes. Ils ont leurs heures. On les reconnaît. Eux nous reconnaissent aussi. Autrefois, les clochards portaient leur pauvreté de toujours avec une sorte de gouaille fataliste, une condescendence de Diogène. Ces pauvres-là sombrent sous nos yeux dans la misère. A la fin des années quatre-vingts, ces nouveaux mendiants avaient une vraie vie, fragile mais digne. Elle a explosé. Paris les regarde glisser dans la misère, comme au ralenti, chaque jour plus amers, plus fatigués, abandonnés par le modèle de protection sociale qui se vantait d'être le plus généreux du monde.

En surface, les affiches parlent surtout de rétrospectives historiques. A l'exception de quelques grands travaux ordonnés par les présidents, il ne se crée plus grand-chose dans cette capitale qui imite sans fin ce qu'elle fut, métropole mise sur la touche par l'histoire et l'Allemagne. Dans les rues de Paris flotte déjà le parfum qu'on hume à Vienne quand on longe les monuments trop grands qui célèbrent la mémoire de l'empire disparu. On ne dirait pas qu'un cœur bat sur les rives de la Seine, qu'une nation moderne et puissante de 60 millions d'âmes prend ici son inspiration. Les rues sont bien propres, les bosquets bien taillés, les échafaudages coquets. Il faudrait à la ville une grosse injection d'adrénaline, à la limite de l'overdose, pour que le rêve et la conquête transpercent l'épaisse carapace de spleen subventionné qui l'étouffe.

Paris dort-il ?

Tendez l'oreille. Pas de cris. Plutôt un soupir de mélancolie, ce mot énigmatique qu'on employait jadis pour décrire la dépression. La ville émet un bruissement aimable, distingué. Mais c'est une animation de camp de vacances, un son et lumière. Woody Allen peut bien danser la nuit sur les quais déserts. Il s'y repose de la frénésie de Manhattan, et ce pas de deux accentue le côté décor de théâtre de la capitale. Il manque à Paris la folie chaotique, l'orgasme urbain qui semblent s'emparer en permanence de grandes capitales comme New York, Hong Kong ou Londres.

Aujourd'hui, Jean Seberg ne dirait plus « C'est quoi, dégueulasse ? » à Jean-Paul Belmondo agonisant en pleine rue. C'est Paris qui est à bout de souffle. Il ne piaffe plus pour être le premier, pour être à l'avant-garde des avant-gardes. Il s'est mis en roue libre et attend en somnolant que surgisse, de New York ou d'ailleurs, l'élixir de vie qui la tirera de sa torpeur. Parfois, en traversant cette ville splendide et assoupie, il vient au marcheur une pensée effrayante : Paris est en province.

DU CYBERPHOBE AU XÉNOPHOBE

Al Gore, le vice-président des Etats-Unis, surfe sur Internet avec tant de fougue que les milieux spécialisés l'ont baptisé Cyber-freak : le cyber-monstre. Jacques Chirac, lui, joue plutôt dans la catégorie des cyber-dinosaures. On l'a surpris début 1997, en train de s'extasier devant la première souris d'ordinateur qu'il rencontrait de sa vie. C'était quelques semaines après une remarque acerbe de plus du président à propos d'Internet, ce maudit « réseau anglo-saxon » qui poignarde dans le dos notre vaillant Minitel.

Force est de diagnostiquer chez le chef de l'Etat une nouvelle poussée d'archéo-nationalisme aigu. Faut-il être en retard sur son époque pour se préoccuper de la nationalité d'un instrument dont la vertu essentielle est précisément d'être transnational à l'extrême ! Pourquoi le président de la République française est-il ringard? Les citoyens ont le droit de savoir.

La France n'est pourtant pas un pays technologiquement attardé. Elle est capable d'envoyer des fusées dans l'espace et de fabriquer des missiles à têtes nucléaires multiples. Notre technologie n'est pas en cause. Ce qui est ringard, c'est la technocratie française. Des hauts fonctionnaires assurés d'un pouvoir éternel et absolu n'ont que faire des innovations technologiques, surtout de celles qui facilitent la communication de masse.

On aimerait croire qu'il s'agit simplement d'une différence de génération. Après tout, vingt ans séparent MM. Gore et Chirac. Mais la fracture est plus grave. La passion d'Al Gore n'est pas une facétie électoraliste ou un caprice jeuniste. Elle est partagée par des dizaines de millions d'Américains. Leur folie du Net est simplement la dernière forme en date que revêtent leur obsession de communication, leur intoxication au futur.

La société américaine a conscience du manque de profondeur de ses racines. Elle souffre d'un sentiment d'inachèvement. Dans leur pays continent, les Américains tendent inconsciemment à tout faire pour réduire psychologiquement les distances physiques entre eux. L'avion, le téléphone, la télévision et Internet sont des moyens pour contracter cette immensité qui les hante. Tout ce qui peut contribuer à la mailler davantage, à combler les creux du pays, est le bienvenu. Là-bas, le réseau est un créateur d'identité.

Inversement, le cyber-analphabétisme de Chirac traduit sa culture centralisée de la communication. L'idée d'un réseau ouvert doté de multiples centres et permettant aux Français de communiquer librement entre eux, cette idée ne le séduit pas. Elle l'effraie plutôt. Pour l'internaute, les frontières politiques et commerciales n'existent pas. Et surtout les Etats disparaissent.

Le centralisme à la française résiste instinctivement à ce type d'évolution mondialisante. Quand la France était une grande puissance, ce raidissement s'appelait volonté de pouvoir. Aujourd'hui, il résonne comme une rage sénile. Nous sommes entourés de pays rendus heureux par la modernité : l'Allemagne, la Grande-Bretagne, l'Italie, se réjouissent des nouveautés extérieures. Nous, nous les boudons.

Une vague hostilité contre Internet se porte avec élégance et l'ignorance crasse est de rigueur. L'Internet passera, comme le café, dirait aujourd'hui la marquise de Sévigné et elle se tromperait autant qu'elle s'était trompée pour Racine. On a même entendu une intellectuelle française « moderne » déclarer sans rire qu'elle redoutait l'« intrusion » dans sa vie privée

qu'impliquerait un branchement sur Internet. L'ignorance est la grande sœur de la paranoïa.

Environ 2 % des foyers français, nettement moins
que dans les pays voisins de l'Europe « avancée »,
sont connectés au réseau. Internet permet à un
paysan berrichon, s'il le souhaite, de deviser presque
gratuitement avec un éleveur de yaks du Tibet, à un
informaticien de Brie-Comte-Robert de poser une
question à Bill Gates, le patron de Microsoft, avec la
quasi-certitude d'obtenir une réponse, même brève,
du génie de Seattle. Internet, c'est la planète à portée
de la main à un prix dérisoire. Le réseau peut devenir le plus puissant instrument d'universalité de l'ère
contemporaine.

Est-ce ce grand large électronique qui fait peur
aux Hexagonaux ? Ils n'ont pas le choix. La mondia-
lisation, et avant elle l'émergence de l'Europe, vont
les plonger qu'ils le veuillent ou non dans une sem-
blable immensité. Que nos stratèges des Télécom
n'ont-ils pensé à une extension internationale, européenne au moins, du minitel ? Il est trop tard, maintenant.

En France, le chef de l'Etat ne ressent pas le
besoin d'être le plus moderne des citoyens, mais il est
allé un peu loin. La presse américaine, qui n'aime
rien tant qu'égratigner la France, fait donner l'artille-
rie contre les cyber-ringards en béret basque. Le *New
York Times* s'est fendu cet hiver d'un pamphlet qui

fera rire longtemps outre-Atlantique. On y découvrait une France réduite à un gigantesque musée de la grandeur perdue et peuplée de citoyens déboussolés.

Le retard français en informatique et dans le multimédia s'explique. Il est la conséquence d'un déficit grave d'enseignement. Si les Américains sont fous d'informatique, d'Internet et de réalité virtuelle, c'est qu'ils savent admirablement bien enseigner toutes ces notions aux enfants comme aux adultes. C'est un jeu pour eux. Personne, en France, ne s'est attelé à la tâche qui consiste à expliquer pourquoi et comment cet outil peut enrichir la vie de chacun. A Washington, un cours d'informatique commence par une liste des magasins offrant les meilleurs prix. A l'INSEE, il y a quelques années, le cours d'informatique commençait par cette hypothèse alléchante : « Soit un ensemble fractal... ».

Le scepticisme un peu paysan qu'on pratique à Paris enveloppe à la fois les techniques nouvelles et les étrangers. Comme une main mal irriguée, la France se recroqueville. Quand un ministre français de la Culture décide d'interdire les mots anglo-saxons dans la langue de Molière, on sourit à Londres et les caricatures fleurissent dans les journaux avec un paysan bourru armé d'une baguette de pain. Les Américains ont aussi énormément de mal à comprendre ce type de mesure. Rien n'est plus chic, aux Etats-Unis, que de truffer sa conversation de mots français, comme *déjà vu, cordon bleu* ou *rendez-vous*.

Le cinéma français fournit un autre exemple. Au lieu de fabriquer des films qui plaisent au monde entier, le réflexe politico-bureaucratique français est de vouloir interdire – en vain naturellement – que viennent en France les films qui plaisent au monde entier. Nos cinéastes sont devenus frileux. Ils demandent une « exception culturelle » qui n'est somme toute qu'un refus rageur de l'autre. Que feraient les vignerons français si les Etats-Unis, sous prétexte de protéger de la concurrence leur jeune industrie du vin, invoquaient une « exception viticole » pour imposer des taxes énormes sur notre rouge ?

Il n'existe aucune différence fondamentale entre les diatribes anti-arabes du Front national, la méfiance du président à l'égard d'Internet ou le plan de sauvetage de la langue française par exclusion des mots anglo-saxons. Dans tous les cas, la France rejette ce qui n'est pas de chez nous. Comme un radeau trop chargé, sur le point de couler, qui repousse à la mer les nouveaux arrivants. La seule différence, c'est que le radeau français est un paquebot, et qu'il n'est pas trop chargé.

Jean-Marie Le Pen et son navrant discours sur l'immigration constituent le masque repoussant de la frilosité française, Jacques Chirac et sa cyberphobie, son masque officiel, policé. Il existe aussi un archaïsme xénophobe de gauche dont Lionel Jospin, le chef du parti socialiste, entretient fidèlement la flamme. Dans son cas l'épouvantail est le capital apatride, un peu comme au XIXe siècle. Un siècle de retard sur les travaillistes britanniques. En lançant sa campagne éclair pour les législatives au mois d'avril 1997, Lionel Jospin jurait qu'il ne laisserait pas « la Nation se faire dévorer par les circuits financiers internationaux ». Pour M. Jospin, des flux de capitaux qui circulent de pays à pays sont une menace sur la France. Comme penseur économique, il est plus fait pour le musée Grévin que pour le Futuroscope.

Chacun à leur manière, les deux démocrates et le chef du Front national incarnent un pays qui a peur parce qu'il regarde assidûment dans trois directions erronées : son nombril, le passé et Paris. Se tourner vers l'avenir, vers la province et vers l'extérieur réserverait probablement de bonnes surprises. Voyager un peu, c'est comprendre aussitôt à quel point la France est riche, démocratique et agréable à vivre. Le voyage est un antidépresseur efficace.

Il ne suffit certes pas de prendre l'avion pour devenir international, mais ça aide. Englués dans la douceur de France, les Hexagonaux s'expatrient trop peu, bien moins que les Anglais, les Allemands, les Belges ou les Italiens. D'où une culture du sur place qui éprouve des difficultés à se régénérer. A force d'enseigner aux enfants que le monde a bénéficié sans fin de nos merveilleuses découvertes philosophiques et politiques, on oublie d'avoir besoin des autres.

Une société en repli s'en prend toujours aux étrangers, alors que la France peut parfaitement vivre avec tous les étrangers qu'elle abrite. Si les femmes françaises sont belles, c'est qu'un sang mêlé à mille autres coule dans leurs veines. L'antienne de Le Pen, « La France aux Français », n'a pu connaître pareil succès que parce que le pays est mentalement fragile ou parce qu'il a la mémoire courte.

Le Pen a deux façons d'illustrer la xénophobie. Il la pratique et il la subit. Le refus d'autrui se manifeste aussi à son égard. Le Pen exprime des idées repoussantes, mais le devoir de chacun devrait être de se battre pour qu'il puisse continuer à le faire, puisqu'il parle au nom de plusieurs millions de citoyens. Interdire Le Pen et son parti serait un grave aveu d'échec, une démocratie à la carte. Il n'est après tout qu'un politicien d'extrême-droite, fasciste, xénophobe et antisémite. Une vie politique normale, des hommes politiques compétents et honnêtes, devraient pouvoir le marginaliser facilement.

Mais Le Pen n'est pas seulement un ennemi politique à battre. Il est la cicatrice intérieure de tous nos politiciens qui n'ont jamais eu le courage, l'intelligence, ou l'honneur de trancher les questions diffi-

ciles. Il est le reflet obscène de tous les petits renon-
cements, des malhonnêtetés accumulés. Il s'est
engraissé de toutes les combines, de toutes les
écoutes, de tous les délits d'initiés, de tous les coups
fourrés des copains-coquins.

Les Américains ont aussi leur Le Pen, dans une
version un peu édulcorée. Pat Buchanan est un répu-
blicain d'extrême-droite qui connaît son heure de
gloire tous les quatre ans. Chaque année d'élection
présidentielle, il est consciencieusement laminé par
les autres républicains lors des primaires de ce parti,
après avoir exposé très librement ses vues xéno-
phobes, protectionnistes et isolationnistes. Au bout
de quelques mois, Pat Buchanan se lasse, les électeurs
aussi. Leur Le Pen, les Américains le détruisent à
l'usure. En France, on a souvent l'impression que
c'est l'inverse, que c'est lui qui nous aura à l'usure.

NOUS ? CONNAIS PAS

Regardez un homme qui attend. Il en dit beaucoup sur sa civilisation. Pour comparer la française à l'américaine, on peut lire Tocqueville, mais il y a plus rapide : observer des files d'attente dans les deux pays. Un Français pris dans une file américaine aura l'impression d'être arrivé dans un univers d'automates préréglés, sans nerfs. Alors qu'un Américain rejoignant une file française aura le sentiment d'être piétiné par des émeutiers.

La file d'attente américaine est un phénomène absolument prévisible. Les règles y sont simples et ne seront jamais transgressées. Les gens demeurent les uns derrière les autres sans protester, quel que soit le temps pris par l'usager devant eux. Resquiller est inconcevable. Chacun sait que son tour viendra en temps voulu. Ils vivent ensemble.

En France, la première file d'attente donne l'impression trompeuse qu'on ne va pas attendre. Elle est vite démentie. Tout le monde est agglutiné devant le comptoir et chacun a la certitude qu'on est en train de le gruger. Faute d'une règle précise, l'amour-propre prend les rênes. Le chaos s'ensuit.

La station de sports d'hiver est un point d'observation idéal. Le désordre qui règne devant les remontées mécaniques augmente beaucoup le temps que chacun met pour y parvenir et fait grimper le stress. Avant même d'être moral, le civisme est rentable. Les Hexagonaux ne savent pas vivre ensemble. Cela se sent dans leur vocabulaire. Ils ont désappris le « nous ». Ils ne savent plus se penser en collectivité. Ils oscillent en permanence entre le « moi », pour se vanter, et le « eux » pour critiquer. Nous sommes handicapés de nous-mêmes. Le cynisme a tué le civisme.

Les extrémistes nationalistes hurlent parfois : « Nous, les vrais Français », mais le citoyen ordinaire hésite à dire : « Nous, les Français... », comme si cette notion était devenue sulfureuse, ou si floue qu'elle n'affleure plus dans les consciences. A tel point qu'on peut parfois se demander si le concept même de Français « moyen » aura toujours un sens. Il y aura un routier syndicalisé « moyen », un cheminot CGT « moyen », un énarque « moyen ».

A la lumière de cette évaporation du « nous », on peut tenter une psychanalyse des affaires de gabegie d'argent public comme celles du Crédit Lyonnais et du GAN : des centaines de milliards de francs perdus à cause d'erreurs de gestion de nos inspecteurs des Finances. Le plus étonnant, dans ces affaires, c'est qu'elles n'ont pas provoqué un tollé général. Pourquoi? Parce que les Hexagonaux ont perdu la capacité de penser et de réagir collectivement.

A l'abri des barrières corporatistes, chacun se croit protégé des grands cataclysmes. Entendus par un individu isolé, les chiffres de 20 milliards, voire de 100 milliards, perdent de leur sens tant ils sont énormes. 20 milliards? C'est trop pour être grave. Je ne vais pas payer 20 milliards. Pas moi. « Ils » paieront, eux. Se défausser sur l'autre est un réflexe permanent chez nous, un réflexe qui assèche la société en la réduisant à une juxtaposition de bastions.

Privées du « nous », les relations sociales sont vécues et conduites comme un jeu à somme nulle : je ne gagne que si tu perds; pour avoir, je vais te prendre. L'idée et, encore plus, l'espoir d'un gain collectif ont disparu. En principe, la tâche des gouvernants est de transcender les égoïsmes pour faire en sorte que le pays soit supérieur à la somme de ses individus. Que cette alchimie échoue, et le soufflé retombe. Le pays n'est plus que la somme de ses divisions. C'est l'image que donne la France : un patch-work de revendications dont le nombre, la virulence et les contradictions réciproques défient l'entende-ment et menacent le bien-être collectif.

L'Hexagonal qui ne les connaît pas n'hésite pas à traiter les Américains d'individualistes. Rien n'est plus faux. Certes l'Américain est un consommateur fanatique auquel les biens matériels procurent une infinie jouissance. Mais c'est en même temps un être collectif, et pour une raison fort simple : il n'a pas le choix.

Aux Etats-Unis, la solidarité de proximité est vitale. Les services fournis par les pouvoirs publics sont sou-vent décevants et une organisation à l'échelon local est indispensable. Pour prendre un exemple cher au cœur des banlieusards américains, c'est-à-dire beau-coup plus de la moitié de la population, le ramassage des feuilles mortes est à la charge de chacun. Les mai-sons d'une même rue s'associeront pour obtenir au moindre prix le passage régulier d'une équipe de « souffleurs » de feuilles. Cette coopération sociale cohabite sans peine – c'est le charme irremplaçable de l'Amérique – avec la compétition brutale qui est de mise dans le monde du travail et surtout dans celui des affaires.

L'entraide directe entre les personnes est là-bas une réalité obligatoire. Quand une digue est emportée par le Mississippi dans une banlieue de Saint-Louis, il est inutile de prendre l'air excédé en invectivant la lenteur de réaction des pouvoirs publics. Il faut descendre dans la nuit, retrousser ses manches, remplir et empiler des sacs. Les digues se couvrent de moustiques et de serpents, les mains saignent, les carcasses puantes des vaches mortes flottent entre les maisons. Quand l'eau déferle quand même, elle emporte des maisons, des hameaux entiers. Ceux pour lesquels il est trop tard, on les héberge. Les pouvoirs publics viendront ensuite, en appui des individus. Ils ne se substitueront pas à eux.

Cette solidarité des Américains provient aussi de leur éducation civique. Pour devenir Américain, leur a-t-on inculqué depuis qu'ils sont nés, il suffit de prêter serment sur un certain nombre de principes fondamentaux de la démocratie. Dans certaines écoles publiques, on salue le drapeau le matin. Mais cette profession de foi philosophique est fragile et l'Américain compense cette vulnérabilité par un excès de civisme moraliste qui a tôt fait d'exaspérer le visiteur même le mieux disposé à son égard.

Chaque Américain se sent le devoir d'enrayer le déchirement toujours possible du tissu national. Le sens de la communauté est donc une vertu majeure à ses yeux. « Que donnes-tu en retour à la communauté ? » est une des grandes interrogations qu'un Américain affronte en permanence. Participer à la vie du groupe, même au niveau le plus modeste, est vécu comme une fierté. On ne manquera pas de le faire savoir, quel que soit son statut social. Payer ses impôts n'exonère en aucun cas des devoirs collectifs.

Que l'on ne vienne surtout pas dire que les Français sont incapables de se comporter ainsi! Lorsqu'ils s'installent aux Etats-Unis, nos compatriotes s'y intègrent tellement bien que les consulats perdent leur trace. Loin du maniérisme hexagonal, ils redeviennent eux-mêmes. Ils savent vivre ensemble. C'est sans doute plus facile dans les grands espaces américains que dans le bocage normand. Outre-Atlantique, la solidarité n'est pas une démarche, c'est une nécessité. Quand le vent de poussière se lève sur un village perdu du Nebraska, on a besoin des autres.

Les Hexagonaux possèdent une mentalité d'assistés. La France est un pays suradministré. Cinquante ans après la seconde guerre mondiale, elle donne l'impression de tout attendre de l'Etat. A tous ses problèmes, la puissance publique est sensée apporter une solution. Le voisin ne joue aucun rôle. On n'a pas besoin de lui. Cette dépendance verticale a fini par assécher les relations directes, horizontales, entre les personnes. Le Français, à la différence de l'Américain, est devenu un véritable individualiste. Un individualiste appauvri qui se sent seul, aigri, abandonné par l'Etat vers lequel il tendait les bras depuis toujours pour ses besoins. Entièrement investi pendant cinquante ans par l'Etat, notre univers mental part en peau de chagrin au fur et à mesure que l'Etat recule. Le couple que forment en France l'assistanat et l'individualisme a touché le fond. La preuve : des associations de plus en plus nombreuses se forment pour recréer, localement, des filets sociaux de sécurité. Elles sont l'avenir.

Prenons le cas des Sans Domicile Fixe. Si l'Etat cessait de les prendre en compte tout en exonérant d'impôt, sans plafond, toute dépense faite en leur faveur, le résultat serait immédiat. Les citoyens prendraient en main le problème des SDF et lui apporteraient des solutions privées à coût raisonnable. La deuxième conséquence serait de provoquer un débat général sur le pourquoi de la dégradation des conditions de vie en France. Privatiser l'accueil des SDF pourrait leur rendre service.

Dans la compétition entre leurs deux modèles de civilisation, la France et les Etats-Unis n'ont jamais réglé une question épineuse. Lequel de leurs deux systèmes protège le mieux la dignité de la personne humaine ? La prise en compte totale pratiquée en France ou la liberté brutale à l'américaine ? Cela dépend sans doute des époques. Quand tout va bien, que chaque année est une Glorieuse de plus, on peut s'offrir le luxe coûteux d'une Sécurité sociale comme la nôtre.

Pour sortir d'une croissance anémique, en revanche, il est évident qu'une petite injection d'Amérique doperait le métabolisme du modèle hexagonal. Le cocktail est simple : opportunité, risque, rémunération. Pour tout le monde.

Opposer le modèle français au modèle américain. L'exercice est à peu près aussi utile que d'organiser une compétition entre un champ et un fleuve, entre un arbre et un vent d'ouest. Reproduire l'un des deux systèmes dans l'autre pays serait à la fois absurde et dangereux. On ne traite pas un vieux chêne comme un jeune arbuste. Certes, certes ! Mais l'Amérique reste un symbole d'aventure, de risque, de dépassement de soi. Au fond, quand un Français parle de l'Amérique, il en dit autant sur lui que sur elle.

COMMENT FAIRE UN FRANÇAIS EN MILLE ANS, UN AMÉRICAIN EN UNE HEURE

Imaginez le calvaire d'un Texan qui s'installe à Bordeaux.

Il va de bourde en bévue, d'humiliation en rejet. Il ne comprend pas. On se moque de lui dans son dos. Il le sent. Bon garçon, il essaie de se demander comment un Bordelais serait accueilli au Texas. Il ne trouve pas. Le Texan est pris au piège. Même au prix de prouesses inouïes d'adaptabilité, il faudra des années à cet Américain avant d'être accepté par les Bordelais comme un des leurs, des années avant de s'habituer à n'aborder que les deux sujets de conversation tolérés dans la bonne société de Bordeaux : le vin et les résidences secondaires au Pyla.

A l'étranger qui arrive, la France réserve un accueil circonspect. C'est normal. En France, après mille ans de pillages et d'invasions, on se méfie instinctivement d'eux, surtout des étrangers qui parlent fort en faisant de grands gestes et qui conservent sur le visage un sourire apparemment éternel.

Le réflexe hexagonal instinctif, le premier, c'est de tenter d'éloigner l'inconnu. S'il reste, on l'étudie à la manière d'un entomologiste. Semble-t-il doué des qualités indispensables à une prise de contact? On lui parlera plus tard, quand il l'aura mérité. Cerner le nouvel arrivant sans lui parler, voilà un exercice qui va demander du temps. En attendant, l'étranger se sent rejeté. Souhaitons-lui une grande patience. Car le Français affronte un dilemme épineux. Aborder avec l'intrus des sujets graves? Il n'en est pas question avant la fin de la phase d'approche. Converser de manière badine? Impensable. Il pourrait vous prendre pour une cloche. Et, surtout, cela pourrait se savoir.

Pendant quelques semaines, le visiteur va ainsi découvrir un mécanisme formidablement puissant de régulation sociale française : le qu'en dira-t-on. Pour que l'ordre règne, il convient de vérifier que la nouvelle relation s'intégrera harmonieusement dans le réseau de liens qui existent déjà. L'arrivant va devoir montrer patte blanche. Au départ, tout jouera a priori contre lui, son accent, ses habitudes culinaires, et surtout sa façon de s'habiller.

Avec un voisin, le Français sait qu'il investit pour le long terme. Il est prudent, maquignon, il pose des pièges. Car si les choses tournent mal, faire machine arrière sera périlleux. On y laissera des plumes. Le voisin risque de rester longtemps. Donc, rien ne presse. Et surtout on ne lui doit rien. Après tout, il dérange l'ordre des choses. Quel besoin avait-il de venir ? C'est peu dire que les Français ne sont pas un peuple accueillant. Leur nid d'habitudes est trop douillet.

Face à l'étranger, l'Américain, lui, est prêt à se tromper sans états d'âme. Au pire, il y a toujours une autre ville, un autre Etat. Il n'est pas installé depuis des générations, ou pour des générations. Il change de maison tous les cinq ans. Sa famille est éclatée à travers toute l'Amérique. Sa vraie famille, c'est son quartier. Une famille immédiate, préfabriquée, mais une famille tout de même. Nul ne songe à faire passer un examen au nouveau venu. Personne n'a de temps à perdre.

Au Français qui débarque, l'Amérique saute au visage. Il est aussitôt assailli par une foule de sensations contradictoires : une sorte de brutalité conviviale. Il y a beaucoup de bruit. Tout le monde parle fort dans un anglais souvent approximatif. Plus l'anglais est approximatif, plus on parle fort. On ignore le complexe. La foule a beau être éthniquement très bigarrée, elle est sans charme. Les hommes sont grands, plutôt gros, les femmes aussi, les enfants aussi. Tout est gros, les fauteuils, les glaces, les voitures, les tomates.

Les gens sont très différents entre eux, et ils font des efforts pour paraître semblables. Casquettes, shorts. Les femmes ne sont pas très bien habillées, elles ne vous regardent pas dans les yeux, mais elles parlent aussi fort que les hommes avec d'étranges voix graves. Elles ont l'air d'être aux commandes. Les enfants parlent à leurs parents comme ils parleraient à d'autres enfants. Les parents leur répondent sur le même ton, le ton que tout le monde emploie avec tout le monde.

On ne chuchote pas. Chacun entend ce que disent les autres. C'est fatigant. Les gens sont serviables, mais ils sont occupés, « busy ». Ils parlent très vite, sans rien oublier, de manière un peu mécanique. On marche vite. On travaille beaucoup. Pas pour s'occuper. Pour gagner de l'argent. Il n'y a pas beaucoup de temps pour déjeuner et en plus bien sûr, le temps c'est de l'argent. Une salade et un verre d'eau expédiés en vingt minutes. On dîne tôt. A dix heures, tout le monde est rentré. Toujours. Le week-end, on se relaxe de manière bien codifiée.

Tout le monde cuisine de la viande au barbecue, dans le jardin.

Dès votre arrivée, vous êtes invité par votre voisin. Mettons qu'il s'appelle Bob. Bob a 50 ans. Il vous serre la main comme si vous étiez un ami de longue date. Il vous félicite pour votre voiture, vous montre la sienne et vous indique son prix d'achat : une bonne occasion. Il vous donne le nom du magasin. Tout le monde, dans le quartier, sait combien il a acheté sa voiture. Les gens sont contents pour lui, même ceux qui ont beaucoup moins de moyens que Bob. Un jour, ils le savent, ils auront peut-être plus. Bob le sait aussi.

Il est content, un peu fier même, d'accueillir un Français dans son quartier. A l'université, il avait appris le français. Il sort quelques mots pratiquement incompréhensibles et s'excuse avec un rictus d'adolescent. Bob vous offre une bouteille de vin blanc. Du californien. Et vous cite les quelques noms de vignobles français qu'il connaît. La liste contient toujours Pouilly-Fuissé, qui a fait un marketing formidable aux Etats-Unis.

Bob vous fait immédiatement visiter sa maison en commençant par sa propre chambre à coucher. Elle ne comporte pas de rideaux. Tout le monde peut voir sa chambre de l'extérieur. Vous passez une heure chez lui. Il vous parle de sa tondeuse à gazon. Vous le prenez pour un raseur un peu lent d'esprit. C'est votre première grosse erreur. Bob est un ancien ministre. Mais le gazon est un concept clé de la société américaine. Pour lui faire plaisir, vous posez une question pratique à Bob, sur le gazon par exemple. Il vous regarde droit dans les yeux et vous répond longuement. Il vous dit tout ce qu'il sait sur le sujet. Une avalanche qui peut durer dix minutes. Attention, il ne s'agit pas d'une plaisanterie ou d'un bizuthage. Ne l'interrompez pas.

Quand il vous raccompagne, son sourire est toujours affable. Vous êtes touché. Il vous appelle par votre prénom. Il ne l'oubliera plus. Il vous tape sur le dos amicalement. Bye. Vous ne le reverrez peut-être jamais. Ne lui en voulez pas! Vous n'avez commis aucun impair. Il a tout simplement accompli son devoir fondamental d'Américain : l'accueil chaleureux de l'étranger. Dans un pays immense où la mobilité reste forte et les déchirements familiaux monnaie courante, l'accueil du nouvel arrivant est un rituel essentiel. Là-bas, on est serviable avec les étrangers puisqu'on était soi-même un étranger il y a peu de temps. Ou bien on le sera bientôt. Ignorer le nouvel arrivant, ce serait un peu se renier soi-même.

Désormais, vous êtes en état de fonctionner dans votre nouveau quartier. La vie pratique est extraordinairement simple pour le consommateur : travail, shopping et sport. Aucune complication n'est à craindre, sauf peut-être l'ennui, un ennui ouaté. L'herbe est verte, les maisons blanches, le ciel bleu. Vous vous sentez bien. Une heure s'est écoulée. Vous êtes Américain. L'heure d'avant, vous étiez encore un Français. Il avait fallu mille ans pour vous fabriquer. Du coup, grâce à Bob, vous vous sentez plus léger. La vie est facile. Vous posez vos mille ans comme une valise.

LA GESTION PAR L'AFFRONTEMENT

Dès le retour à Paris, le premier bulletin d'informations donne le la. Les principaux événements de la semaine à venir seront des grèves. Au menu : personnels hospitaliers, contrôleurs aériens et personnels roulants de la RATP, avec un zeste de grève des policiers juste avant le week-end.

Le ton des commentateurs est compréhensif, presque chaleureux, à l'égard des futurs grévistes. Il y a même un langage de la grève. « Faire le pont » signifie ne pas reprendre bêtement le travail pour une journée entre deux grèves. On sent une longue habitude. Inutile de s'enflammer. Ce seront de bonnes grèves. Pas l'once d'un reproche dans les propos des journalistes. Les sondages prouvent que malgré les dérangements considérables qu'ils vont subir, les Français soutiennent les grévistes. Premier réflexe du rapatrié d'Amérique : l'Hexagone ne tourne plus rond. Et puis la curiosité prend le dessus. On brûle de les rencontrer, ces grévistes.

La France manque de prix Nobel, ses brevets scientifiques se font rares, mais elle a réussi à inventer une catégorie bien à elle : le gréviste heureux. On pouvait en croiser une poignée en décembre 1996, à côté d'un brasero, derrière les halles de Rungis, un jour banal, un jour de grève. Des routiers savourent un sandwich au saucisson tout en dégustant un petit verre de vin. Depuis une semaine, sur toutes les grandes routes de France, les camions des grévistes empêchent les camions des non grévistes de passer. La France est paralysée. Ah bon ? C'est pour la bonne cause.

Entre deux bouchées, ils expliquent leurs revendications. Elles sont raisonnables. Leur métier est épuisant. Ils méritent du repos et la sécurité routière est sûrement à ce prix. Ils veulent aussi la retraite à 55 ans, pour vivre encore un peu, après l'avoir prise. C'est absolument légitime. Mais pourquoi la grève ? Pourquoi ne pas en parler calmement ? Tout le monde devrait pouvoir s'entendre sur une base aussi simple. Non ? Le gouvernement leur a dit « Non! ». Alors ils font grève. Ensuite, on leur dira « Oui! ». C'est comme ça que ça marche, la France. Tous les jours, depuis le début de la grève, les habitants de la commune ont envoyé des vivres avec un petit mot de soutien. Du coup, la grève prend un air de kermesse. Les grévistes aiment bien se retrouver ensemble pour parler du métier, des jeunes qui en veulent, du bon vieux temps quand on pouvait gagner des fortunes en roulant comme un fou. La grève, c'est sympa.

Soit on fait plier le gouvernement, soit on plie soi-même, et on recommence plus tard. L'économie française est en apnée, tant pis. C'est un droit, la grève. L'économie, ça n'est pas leur problème. Leur problème, c'est de faire triompher la revendication des routiers syndiqués. Il ne faut pas tout confondre.

A leurs yeux, le monde est séparé en deux : les routiers syndiqués, et le reste, c'est-à-dire tous ceux qui ont choisi, pour des raisons mystérieuses, de ne pas être des chauffeurs routiers syndiqués. Tant pis pour eux. Ils n'ont qu'à faire grève. Dans l'univers mental des routiers syndiqués, le raisonnement est imparable.

Autour du brasero, on évoque la précédente grève, celle que le gouvernement avait fait cesser en envoyant les chars pour dégager les routes. C'était quelque chose ! Souvenirs du front. Cette fois, Juppé n'enverra pas les tanks. On spécule. Il y en a un, tout jeune, qui pense que Juppé enverra quand même les tanks, que Juppé aime bien envoyer les tanks sur les routiers. Un responsable CGT s'esclaffe. Mais non, Juppé ne veut pas de problème, il va céder, tout ça n'est qu'un grand jeu. L'Etat finit toujours par céder, parce que l'Etat préfère payer. L'Etat se méfie autant qu'eux des patrons. L'Etat, c'est comme un syndicat où tout le monde serait membre, explique-t-il. Alors, il n'y a pas de raison de se disputer longtemps. Et puis les tanks, ça fait mauvais effet à l'étranger. On repasse le plateau de merguez. Il fait froid. C'est sympa la grève.

Ces grévistes sont résolument hexagonaux. Ils rouspètent et ils aiment ça. Ils ressentent, en faisant grève, une impression de plénitude. Je proteste, donc je suis. Bien sûr on arrête le pays, les stations d'essence n'auront bientôt plus de carburant. Des milliers d'entreprises en difficulté ne seront pas approvisionnées. Mais ce sont des épiphénomènes qui se déroulent au loin, dans cet univers lointain et flou où vivent ceux qui ne sont pas des routiers syndiqués.

Et puis le pays est peut-être paralysé, mais il n'est pas mécontent, constatent à juste titre les routiers syndiqués. Les Français, routiers ou non, syndiqués ou non, soutiennent la grève dans leur majorité. Le pays souffre mais il soutient. La teneur des revendications n'est pas d'une importance primordiale aux yeux de la plupart des gens. Ce qui compte c'est de revendiquer, de gifler, même par procuration, les ministres du gouvernement et leurs acolytes dans la haute finance et dans l'industrie, d'exprimer une solidarité avec toutes leurs victimes. Quand on revendique, on est debout, on parle haut et fort, on a du caractère. Les routiers ont du caractère. Les Français aiment ça. Tant pis si ces gens de caractère vous mènent droit à la catastrophe. Un naufrage qui a de la gueule, ça vaut le coup.

Râler est un luxe respecté, celui que peuvent s'offrir les salariés du service public, où survivent les derniers grands bastions syndicalistes. Dans le secteur privé, on envie leur bravoure. Celui qui peut faire grève parce qu'il est protégé n'est pas conspué. Il est admiré, jalousé. Protestez pour nous, semblent dire les interdits de grève. C'est la grogne généralisée par procuration. La contestation régénère le groupe, elle rend fier, efficace.

La contestation est un mode de gestion. L'Hexagonal s'y sent à l'aise. En décembre 1995, les trois semaines de grève générale vues d'Amérique intriguaient. Elles auraient pu être vécues comme un drame, un affaiblissement économique de la France compromettant une croissance déjà anémique. Allons donc ! Au lieu de se ronger les sangs sur l'avenir du PNB, les Français se sont découvert des trésors d'inventivité pour travailler quand même. De l'autre côté de l'océan, cette étrangeté laissait pantois.

Le temps d'une grève, les Hexagonaux sont même devenus positifs, constructifs. Ils se levaient à trois heures du matin, dormaient dans leur bureau, partageaient leur voiture. Ils en conservent aujourd'hui un souvenir ému. Tout en félicitant ceux qui avaient placé l'obstacle, les Français se sont surpassé pour le contourner. Comprenne qui pourra! Sans la grève, l'alchimie n'aurait pas fonctionné. Curieuse psychologie de masse un tant soit peu masochiste qui ne trouve son plaisir que dans l'épreuve.

Dans une société ouverte, il existe des mécanismes pour résoudre les conflits qui éclatent entre les partenaires sociaux. Le syndicalisme constructif à l'allemande est l'un d'eux. Dans ce type de société, c'est la solution qui est importante. L'énergie de chacun est tendue vers la recherche de la solution, parce qu'elle ouvre la voie à un progrès. Une fois la solution découverte, on passe à autre chose.

Dans une société bloquée, la logique est exactement inverse. C'est le problème, la crise, la confrontation, qui comptent. Le problème est la seule forme de dialogue disponible. La solution est honnie. Une fois parvenus à la solution – si par malheur on y parvient! – les antagonistes se retrouvent au point de départ : une société bloquée. Et tout est à refaire.

Dans notre société, la grève est donc perçue inconsciemment comme une opportunité, une soupape de sécurité. Elle préserve l'amour-propre, débouche parfois sur des gains salariaux et recrée pour un jour ou une semaine une vraie collectivité, celle qui a disparu des jours sans crise. Sans affrontement, la conscience du blocage serait plus lourde à supporter. Voilà un cercle vicieux dont il ne serait pas prudent de s'extraire.

A l'étranger, notre gestion par l'affrontement est une source sans fin de stupéfaction. Il faut avoir entendu au moins une fois des hommes d'affaires anglais s'interroger sur la santé mentale des personnels d'Air France pour comprendre ce que la France inspire aujourd'hui de surprise chez nos proches voisins. Le spectacle de certaines grèves laisse songeurs tous ceux qui admirent le génie français et envient le rationalisme mathématique qui domine dans nos cursus scolaires.

Quand les salariés de la compagnie aérienne nationale bloquent les pistes de Roissy pour protester contre un plan de redressement de leur maison, ils n'ignorent pas, bien sûr, que ce redressement est inévitable, qu'ils reculent pour mieux sauter. Que c'est la mort d'Air France qui est au bout de leur logique. Il n'existe aucune logique de remplacement. On a le droit de faire grève, alors on fait grève, parce que ce serait le seul, absolument le seul moyen de combattre les injustices. Vue de l'intérieur de chaque bastion corporatiste, micro-société sur la défensive, la moindre velléité de changement est effectivement une injustice. Si on ne fait pas grève, on se fera « avoir ». La grève ou le néant.

Un débat de fond sur la légitimité des revendications est donc hors de propos. Il serait intéressant, à
cet égard, d'entendre les salariés grévistes d'Air
France se prononcer sur la santé à long terme de leur
entreprise. Ils ne répondront pas. Ou bien ils répondront que c'est l'affaire des patrons. A court terme,
ils ont souvent raison. Prenons un exemple. Après la
grève totale de 1994, non seulement Edouard Balladur cède aux grévistes, mais il renvoie le président
d'Air France. La France entière applaudit les grévistes. Au lieu de reprocher sa reculade au Premier
ministre, elle salue l'application impeccable du principe affrontement- concession. Ce folklore viril est
admis par tous les secteurs de la société.

Il s'agit bien sûr d'une mise en scène dans laquelle
l'Etat, Air France et les dirigeants syndicaux sont
tacitement d'accord sur cette gestion par à-coups
brutaux. Le déferlement des passions est la seule
façon de faire passer une dégradation de leur statut
aux salariés. L'affrontement ne représente pas l'échec
d'une négociation, bien au contraire. Il est une
méthode de négociation à part entière, pour société à
l'arrêt en danger de modernité.

La grève des internes d'avril 1997 a fourni un autre
exemple de confrontation voulue. Le gouvernement
veut réduire le déficit de la Sécurité sociale, ce qui est
un objectif louable, mais il a agi comme s'il souhai-

tait un bras de fer. Sinon, il n'aurait pas proposé une répartition collective des sanctions financières en cas de dépassement de plafond des remboursements médicaux par les médecins. Le gouvernement réussissait ainsi le prodige d'adresser aux internes trois graves insultes simultanément : être des gaspilleurs d'argent public, des professionnels irresponsables et des gamins qu'il convient de punir en masse. L'affrontement a duré plusieurs semaines et la loi a été maintenue.

La France semble ne s'unir que sur ses déchirements. Se parler ? Il y a longtemps que les forteresses syndicales et les tours d'ivoire patronales n'ont plus rien à se dire. Il faut sauver la face. C'est tout. Chacun défend son bout de gras sans penser qu'un jour prochain, quand l'Europe aura imposé une uniformisation avec nos voisins, il pourrait bien ne plus y avoir de gras du tout.

Dans un pays moderne, se déroulerait en 1997 un combat entre ceux qui doivent travailler et ceux qui peuvent défiler, entre les partisans du risque et les fanatiques du statu quo, entre les entreprises et les corporatismes. Au lieu de ça, accrochés à leurs vieux réflexes, syndicats, patrons et Etat réagissent aux questions de demain avec la problématique d'avanthier : grève générale ou grève perlée ? La vieille rengaines des âges farouches de la lutte des classes n'en finit pas d'être remise au goût du jour. Le tableau a diablement besoin d'un coup de plumeau. Nous sommes bel et bien des ringards. Amateurs de litote et soucieux de ne pas relancer la guerre de Cent Ans, les Anglais choisissent de dire conservateurs.

Pourquoi British Airways est-elle devenue un ténor mondial de l'aviation alors qu'Air France restait une compagnie secondaire ? Parce qu'en Grande-Bretagne, les aberrations économiques ne sont pas tolérées. L'affrontement entre travailleurs et entreprises a bien lieu, mais une fois seulement que la survie de la société est assurée, pas avant. Dans l'Hexagone, ce bon sens n'a pas encore cours. D'autant plus virulent qu'il est en période de rapide érosion, le syndicalisme à la française obéit à une logique qui paraît suicidaire : si je ne gagne pas, que tout le monde perde. Comme si la survie d'Air France était assurée pour toujours.

La gestion par l'affrontement a un autre gros défaut : elle laisse sur la touche les vrais perdants du système. Imaginons ce que serait une manifestation unifiant les vrais oubliés. Les Rmistes, les chômeurs en fin de droit, les agriculteurs écrasés par la dette, les beurs sans travail dans les cités grises, les immigrés clandestins exploités comme des esclaves, les femmes sans mari ni revenu, et les familles de tous ceux-là : des millions d'hommes et de femmes vraiment en colère et n'ayant plus rien à perdre déferlant sur Paris. Si ces victimes se levaient en masse contre le système qui les a lâchées, la France serait au bord de la guerre civile.

Mais ne protestent que ceux qui sont bien encadrés. L'affrontement est confortable car l'Etat et les syndicats en règlent ensemble, depuis toujours, la chorégraphie et la durée. Les vrais exclus n'ont pas le temps, ou pas l'énergie, de hurler des slogans éculés devant les caméras. Ces laissés-pour-compte doivent survivre. Eux sont seuls, abandonnés par les patrons, par l'Etat et par les syndicats. Ils passent à travers les mailles désormais trop larges du filet de protection sociale et s'enfoncent doucement dans la misère. Mais ils ne passent pas à la télévision le poing levé.

Que doit ressentir un paysan albanais ruiné par des banquiers véreux, lorsqu'il voit manifester sur son petit écran des cheminots de la SNCF qui bénéficient de la retraite à 50 ans? Ça y est, se dit-il, les Hexagonaux ont perdu la tête. Mais est-ce vraiment une mauvaise nouvelle? Cela prouve au moins que la France ne va pas si mal. A tout prendre, mieux vaut une crise mentale.

LE CLIENT A
TOUJOURS TORT

Un pays dont la plupart des petits magasins ferment entre midi et quinze heures peut-il décemment prétendre être aux prises avec une grave crise économique ? Si le phénomène était limité aux petits villages de l'Ariège, on pourrait invoquer une tradition rurale. Mais dans certains quartiers de Paris, les magasins ferment également pendant de longues heures en milieu de journée. Du point de vue du client qui travaille, la pause du déjeuner semble pourtant un moment idéal pour faire quelques courses.

Quand il ouvre enfin, il n'est pas rare d'entendre le commerçant se plaindre de son chiffre d'affaires mollasson. Etrange perversion de la logique, alors, que de fermer boutique. A croire qu'ils n'aiment pas vendre. Dans un magasin, on vous fera, à l'occasion, l'honneur de vous abandonner une marchandise contre paiement, mais il est hors de question de se battre pour que vous l'emportiez. Ce serait indigne et dans un pays qui fonctionne à l'honneur, le commerçant est bien décidé à ne pas s'abaisser à vendre. Exporter, peut-être, mais vendre ! Dans l'esprit hexagonal, le vendeur est un vendu !

Pour motiver le commerçant, il faut formuler votre requête d'une manière qui allie le charme, le défi et l'appel à l'aide. Jamais il n'acceptera dans la bonne humeur d'être simplement un vendeur qui agit par goût du profit. Il veut être un conseiller, voire un mentor. En un mot, il veut être honoré, plus qu'enrichi par votre visite. La psychanalyse du commerçant français sera sûrement écrite un jour. Elle sera instructive.

Pénétrer dans un magasin français est un pari risqué, tant le commerçant est prompt à déceler une provocation dans les gestes les plus innocents. Etre accompagné d'un enfant est l'un de ces péchés qui ne sera pas facilement pardonné. En cas de malheur, c'est-à-dire si l'enfant touche à quelque chose, la mère coupable sera déchirée entre deux réactions : être solidaire de sa progéniture ou épouser la tendance répresssive du commerçant. Miracle du qu'en dira-t-on, c'est souvent la deuxième option qui sera retenue. Passer pour une mère laxiste est une honte majeure dans notre pays. L'union sacrée des adultes contre les enfants ? Parfois, franchement, on en jurerait.

Pour l'Hexagonal de retour au pays, la visite d'un magasin français est l'un des exercices les plus traumatisants qui soit. Le cerveau a du mal à assimiler que le client n'y est pas le bienvenu. Il est tout juste toléré et n'a qu'à bien se tenir. Qu'il prenne surtout bien garde de ne pas profiter de l'acte d'achat pour humilier le commerçant. Et qu'il sache une fois pour toutes que le client a toujours tort !

Aux Etats-Unis, les commerçants ont compris depuis toujours que l'enfant est un consommateur instinctif. Ils s'efforcent de prévoir des objets à lui vendre, des bonbons à lui offrir pour qu'il ramène sa mère une autre fois. L'enfant sera souvent salué en premier et la mère noyée de compliments convenus mais aimables. Le gamin sera choyé, afin de donner à la maman tout le temps de choisir et d'acheter.

Pour attirer le chaland américain, tout ou presque est permis. Le mot solde est galvaudé au point qu'un magasin ne proposant pas de soldes est considéré comme purement et simplement suicidaire, ou... français. Le crédit le plus éhonté est de mise. Il est courant de voir des publicités du genre : « Vous êtes tellement endettés que l'on ne vous fait plus crédit. Nous si. » Là bas, le bon sens est rarement au rendez-vous. A la radio, à la télévision, sur Internet, le shopping sature les ondes, remplit la vie.

Le client est une poule aux œufs d'or à ne pas laisser s'échapper. L'échec, c'est quand un client ressort
du magasin sans avoir rien acheté. Tout sera fait pour
qu'il revienne et qu'il achète. Dans une boutique de
vêtements aux Etats-Unis, vous pouvez essayer vingt
pantalons de suite sans que le sourire du vendeur ne
s'efface. Et les pantalons sont plutôt moins chers que
les nôtres. Une fois l'article choisi, vous pouvez l'em-
porter, le ramener deux jours plus tard après l'avoir
porté. Il vous sera remboursé sans la moindre
remarque. « Repris sans aucune question » est une
règle très pratiquée. Compte tenu d'une concurrence
féroce, il n'est pas question de s'en affranchir.

La déférence des vendeurs ne reflète pas uniquement une attitude philosophe favorable au shopping.
Ils sont souvent intéressés aux profits de leur
employeur. Dans tous les sens du terme. On peut les
licencier du jour au lendemain. Garder un client le
plus longtemps dans la boutique est donc un objectif
stratégique. Le look a cette mission. Musique,
photos, écrans de cinéma parfois, et toujours
l'agréable lapalissade des vendeurs : « Nous sommes
contents de vous voir. »

Et l'esthétique du shopping! Nulle par dans le
monde on ne sait entasser des chemises sur une table
de bois comme aux Etats-Unis. L'envie d'en acheter
une est presque irrésistible. Même si on a déjà
presque la même. Surtout si on a presque la même.

C'est diabolique! Les boutiques se dessinent une vitrine chaleureuse avec une inventivité sans limite. Des vieux objets américains sont exposés. Ils créent une atmosphère qui attire comme un aimant. La vitrine est un haut lieu culturel. Elle offre une identité au client : jeune urbain, jeune sportif, jeune aventureux, jeune campagnard, adulte coquin, femme fatale, voyageur décontracté. Toutes les identités sont en vente. En sortant d'un magasin après avoir acheté, on existe.

Le culte du shopping a ses cathédrales. Ce sont les malls, ces centres commerciaux en marbre blanc qui font irrésistiblement penser au Taj-Mahal quand ils sont illuminés. Les boutiques y succèdent aux cinémas, les agences de voyages aux restaurants fast-food (ainsi en moins de quatre minutes, on peut reprendre son shopping). Dépenser son argent devient presque une obligation morale tellement c'est beau. Il est possible d'y passer une journée complète. On mange, on grossit, on achète.

Le mall est un résumé rapide mais fidèle du rythme culturel de l'Américain qui vit hors des grands centres urbains. Boulot, Mac Do, Gogo. Ils sont ouverts tous les jours jusque fort tard et certains proposent même des offices religieux. Dans bien des petites villes du Middle-West et d'ailleurs, le mall, entouré de parkings à perte de vue, est l'unique activité culturelle, avec la télévision. La presse locale

couvre les supermarchés comme si c'étaient des compétitions sportives.

Le supermarché français, lui, est un piège sans
velours. Chacun se comporte comme s'il était le
directeur. Les employés savent admirablement
remettre le client à sa place. Au rayon Livres d'une
Fnac parisienne, la technique est maîtrisée au point
que le client a presque peur de déranger ces vendeurs
aux visages d'intellectuels sévères qui devisent entre
eux à voix basse. Si votre question leur semble intelligente, ils répondront par une indication brève que
vous seriez bien inspiré de ne pas leur faire répéter.
Les clients ne s'en plaignent pas. Les Fnac sont
pleines à craquer.
    En France, les commerçants sont si peu aimables
que les expatriés américains, pour lesquels le shopping est beaucoup plus qu'une simple démarche commerciale, risquent carrément la dépression nerveuse
quelques mois après leur arrivée. Des ouvrages
entiers ont été consacrés par de bonnes âmes expa-
triées à expliquer aux nouveaux arrivants le fonctionnement psycho-social du commerçant français.
L'excellent *French or foe* de Polly Platt, l'ouvrage de
référence en la matière, explique par exemple toutes
les erreurs à ne pas commettre dans une boulangerie :
    – *Présentez-vous à la boulangère au début de
votre séjour.*

– *Ne demandez pas un sac pour le pain.*
– *Ne reprochez jamais rien à la boulangère.*

Ce manuel de survie révèle une angoisse qui doit sembler cocasse au lecteur français, mais les mauvais rapports avec les commerçants expliquent une large proportion des échecs d'expatriation en provenance des Etats-Unis. Pourtant, les Américains adorent la France. A tel point que les plus marris rêveraient de la débarrasser des Français. Seuls les étrangers assez patients prennent le temps de comprendre que pour un commerçant français, un client inconnu est un étranger, donc une nuisance. Pas une source de revenus potentielle.

Dans les supermarchés, le désagrément tourne à la panique devant l'agressivité du personnel. Les employés ne cherchent pas à aider les clients perdus. Toute réclamation est inutile. Prisonnier de sa logique de l'honneur, le directeur soutiendra ses « gars » contre vents et marées. Le client, on ne le connaît pas. Il n'est rien.

Le passage par la caisse peut se transformer en cauchemar. La tension y culmine, alors que la direction devrait en faire un moment de détente. Rien n'est fait pour les mères qui transportent de jeunes enfants. Les caissières ne remplissent pas les sacs et le client doit courir entre son caddie vidé seulement à moitié et les sacs à remplir, pour dégager le tapis roulant.

Au lieu de vous aider afin d'accélérer, les autres acheteurs maugréent, moins par méchanceté, il est vrai, que par souci de ne pas paraître cautionner une nuisance. Ce psychodrame est inconcevable aux Etats-Unis où le client vulnérable est particulièrement aidé. La femme enceinte, ou la personne âgée, ne seront pas culpabilisées. On les raccompagnera parfois jusqu'à leur voiture et leurs achats seront installés dans le coffre. L'accompagnateur est le titulaire, précaire le plus souvent, de l'un de ces millions de petits boulots qui naissent et meurent en permanence.

En dernier recours, la caissière française de supermarché vous aidera à remplir un sac, mais d'un air pincé qui en dit long sur le terrible effort que vous lui imposez et sur l'affront que subit son amour-propre hypertrophié d'Hexagonale. Là encore, sa moue agacée est plus un message à l'usage des autres qu'une attaque dirigée contre vous, mais l'expérience n'en est pas moins pénible. Tout se passe comme si une banderolle avait ordonné à l'entrée : « *Allez donc faire vos courses ailleurs!* »

LE PARLER FRAIS

Après une journée passée dans les magasins parisiens, le moral est parfois très bas. Pour retrouver de l'allant, rien de tel qu'un dîner parisien. Cela vaut tous les spectacles. Il semble, au premier abord, que personne n'écoute personne. Il n'y a pas de fil conducteur dans les échanges. Aussitôt qu'un convive prend la parole, il est interrompu et, miraculeusement, n'en prend pas ombrage. Un sautillement sans fin de convive en convive, de sujet en sujet : le remaniement ministériel, le gel des asperges, le prochain film de Woody Allen, la robe de la maîtresse de maison, un livre. Il est parfois difficile de comprendre de quoi tous ces gens parlent, car ne fusent que des commentaires et des opinions : aucun fait, aucune donnée, aucune information.

C'est sûrement un jeu, mais ses règles sont bien mystérieuses. Pour gagner, il semble qu'il faille prononcer des phrases très courtes et très drôles. Avec une prime pour les piques les plus sarcastiques. Rire n'est pas obligatoire, mais faire rire est essentiel. Faire rire les femmes, surtout. C'est joli, à Paris, un rire de femme. Divin comme des Grandes Eaux de cristal. Après quelques années d'immersion dans la bonne société américaine, le premier dîner parisien « repayse » en douceur.

L'art de la conversation est inconnu des Américains. A leurs yeux, la langue est là pour transmettre des informations, pas pour s'amuser. Un échange verbal doit avoir un résultat, comme tout transfert de données. Une bonne conversation, c'est un transfert complet. Sur cette base, la conversation peut devenir un supplice. Une question anodine est susceptible de déclencher une réponse de dix minutes. Impossible d'interrompre l'interlocuteur qui vous fait la faveur de vous dire tout, absolument tout, ce qu'il sait sur le sujet abordé. Il ne comprendrait pas et reprendrait l'exposé après l'interruption, à la manière d'une banque de données qui poursuit le déchargement d'un fichier après une coupure. Une deuxième interruption aura de bonnes chances d'être perçue comme une insulte directe, une légèreté incompréhensible. Pour cette raison, amener un Américain francophone dans un dîner parisien comporte un risque non négligeable.

Le Français confie beaucoup de missions à la langue. Il compte en particulier sur elle pour la séduction. Le Français et la Française sont des maîtres du sous-entendu charnel. Les mots, partie la moins importante de la conversation, ne font que servir de support aux sous-entendus. Le ton, le rythme, le regard, sont autant de messages reçus cinq sur cinq ou éludés en toute connaissance de cause.

Trop versés dans le côté utilitaire du langage, les jeunes Américains ont du mal à l'utiliser pour le flirt. C'est un handicap qu'ils surmontent avec des bonheurs divers. L'action et le sport sont des moyens. Inutile de parler en jouant au basket. Parfois, tout de même, il faut bien en venir aux mots. Or, sur les campus universitaires, l'amour courtois n'est pas encore à la mode. Pour lever les inhibitions, il se fait remplacer par la bière, qui coule à flot et à très bas prix. Le résultat n'est pas précisément romantique et la « sexualité Budweiser » laisse des traces, quand ce ne sont pas des cicatrices. Le *date rape*, c'est-à-dire le viol au cours d'un rendez-vous, reste, la bière coulant, extrêmement répandu. Le coupable plaide généralement le malentendu. Quand on ne se parle pas, ce n'est pas étonnant.

L'Américain n'est pas formé au tête-à-tête. Quand deux Américains se parlent, toute la salle est conviée. Leur désir d'intimité, voire même de discrétion, semblent nuls. Ils parlent et leurs mots représentent la totalité de leur échange. Le *body language,* le langage du corps, est là pour appuyer les mots, pas pour suggérer une communication parallèle.

Il est grossier de murmurer en public. On parle fort, à la cantonnade et la langue est standardisée. La voix tonne et celle des Américaines pas moins que celle des mâles. Le charme des conversations avec elles – quoi de plus décevant qu'une splendide Américaine à la voix de stentor! – s'en ressent un peu. En revanche, l'échange gagne en clarté. Un Américain est tout surface, infiniment présent. On le voit tout entier. Il n'y a que ça. A prendre ou à laisser. Chez lui, pensées, sentiments, ambitions, tout est là, à fleur de lèvres. Il les dit. L'art de l'allusion, il le maîtrise mal.

Le Français est volontiers songeur, plongé dans ses pensées, enfoui en lui-même, comme s'il n'était pas vraiment là, comme s'il voyageait sur commande dans un monde intérieur. Il est « romantique », lit-on dans les guides touristiques. Son visage est une surface où il ne fait qu'affleurer. Il ne s'offre pas à tout vent. Il faut aller le chercher. Il est derrière lui-même et il rend la recherche aussi difficile que possible, afin de protéger son noyau sacré, son jardin secret. Il brouille les pistes. Ce qu'il ne vous dit pas, il faut le retourner dans votre tête, pour trouver la voie. Chaque non-dit décodé, c'est un pas vers lui. Il y a ce qu'il dit, ce qu'il veut dire et ce qu'il ne dit pas. Ces deux dernières catégories sont souvent les plus importantes pour déchiffrer sa pensée. Il veut être un livre fermé. C'est sa fierté. Le livre, il faut le pénétrer, mais sans l'ouvrir. Il a une façon ludique d'être mystérieux.

Une conversation entre deux Français est à usage strictement privé. Elle vaut surtout par tous ceux qu'elle exclut, tous ceux qui ne sont pas conviés, tous ceux qui seraient incapables de décrypter les messages subliminaux que s'envoient les deux interlocuteurs. La France est une terre de conciliabules, le royaume du tête-à-tête. On n'y parle pas à la cantonnade, sauf les chômeurs en fin de droits, qui mendient dans le métro et que l'assistance plaint finalement surtout parce qu'ils sont obligés de hausser la voix en public.

Ces deux femmes qui bavardent dans le train quittant Saint-Lazare, leurs mots ne soulèvent qu'une partie du couvercle du non-dit. On se méfie plus de l'expression orale. Elle n'est pas fiable. Pour se protéger de ses dérives, toutes les autres formes de communication restent actives lorsque deux Français se parlent. Le ton compte presque autant que les mots. Il dit le degré de crédibilité qu'il convient de leur accorder. Le regard appuie les choses importantes, le sourire signale les sous-entendus.

Le fossé culturel entre Français et Américains est encore plus apparent quand éclate une dispute entre deux personnes. Dès que la tension monte, le non-dit du Français remonte à la surface. De nouveaux mots, plus aigres, plus forts, apparaissent dans sa bouche. Il change de langage en même temps que de ton. Mis hors de lui, l'Américain va conserver le même vocabulaire, mais son comportement physique va traduire l'énervement. Il va se rapprocher de son interlocuteur, appuyer sur les mots, parler un peu plus vite. Il crie très rarement.

Il est inconcevable d'en venir aux insultes. Perdre son sang-froid est une faute impardonnable sanctionnée par le ridicule pitoyable qui accompagne ceux qui sont *on the edge*, au bord du gouffre. Assister à une prise de bec entre un Américain et un Latin d'Europe est une expérience surréaliste : faute de susciter la rage de son interlocuteur, le Latin, de lui-même, se calme.

SYMPHONIE EN GROGNE MAJEURE

« Vivement qu'on les privatise ! » « C'est inadmissible. On les paye assez cher ! » « La France est devenue impossible. J'en ai marre. Je pars pour l'Australie ! »

Ce jour de janvier 1997, on râle beaucoup sur les quais de la gare de Lyon-Perrache. La SNCF est sur la sellette. La Société nationale des chemins de fer a commis une faute impardonnable : il neige.

Les usagers veulent un coupable. Il a gelé très au sud et les caténaires sont entourées d'une gangue de glace qui empêche les trains de rouler. Les routes sont bloquées et les cars ne peuvent pas venir chercher les voyageurs coincés dans les wagons. Le ton monte et l'Etat en prend pour son grade. Que n'a-t-il empêché la neige de tomber sur les autoroutes ? Que font les pouvoirs publics ? Un père de famille ulcéré téléphone à la Direction départementale de l'Equipement. Il est furieux car il comptait prendre la route afin d'emmener ses deux fils participer à un tournoi de ping-pong à Menton.

L'Hexagonal est un enfant gâté, mais touchant. Il se plaint du retard subi, mais il révèle aussi dans sa récrimination la haute estime dans laquelle il tient la SNCF. Il lui prête apparemment des qualités surnaturelles en matière météorologique. D'ailleurs, à Lyon, ce jour-là, la SNCF gère le mouvement d'humeur comme une rage d'enfant. Par l'intermédiaire des haut-parleurs du quai, des employés murmurent d'une voix apaisante que tout le monde sera remboursé.

Que dire, il est vrai, à un passager qui semble penser que la SNCF a la haute main sur les éléments? Paradoxe insondable de l'Hexagone. Au lieu de fustiger les cheminots quand ils étranglent l'économie en stoppant tous les trains comme ils le font parfois, l'Hexagonal reproche les chutes de neige à la SNCF. Le moins qu'on puisse dire, c'est qu'au pays de Descartes, Ubu se ménage quelques bonnes revanches.

La grogne a bien des masques. Dans les milieux plus intellectuels, elle se dissimule derrière la prophétie apocalyptique du Ça va péter, la version chic des délires millénaristes qui annoncent régulièrement la fin du monde pour après-demain. Comme ça ne pétera pas, le Ça va péter a de beaux jours devant lui. Le discours de l'apocalypse est connu. Les chômeurs vont s'allier aux paysans sans terre, aux beurs en colère, aux sans-logis, et déferler sur Paris. Ce sera Mai 68 plus la prise de la Bastille, avec un zeste de guerre d'Algérie attisée par Le Pen : un bain de sang en tout cas. Ils l'avaient bien dit. Après tout, sussurent ces eschatologues, la France n'a jamais progressé par la réforme. Elle a toujours bondi par la révolution, le carnage, la guerre. Les gens cultivés ne sont pas insensibles à cette magnifique anticipation de chaos.

Voilà le « penser négatif », tellement plus séduisant que la fastidieuse et douloureuse remise à plat qui serait nécessaire. Le penser négatif trône en France comme un art suprême qui doit être constamment alimenté en nouveaux arguments. Il a fini par brouiller les échelles de valeur. Souvent, dans un groupe d'Hexagonaux, le plus négatif sera crédité de la plus grande lucidité, le plus pessimiste ressortira comme le plus intelligent. A cause du penser négatif. Etrangement, cette tournure d'esprit française se conjugue avec un irrépressible besoin d'admirer quelqu'un. Penser négatif et nostalgie du grand homme coexistent comme deux chiens de faïence.

C'est complexe, un Hexagonal. Quand il proteste, il ne fait pas que rouspéter. Il exprime la volonté de ne pas être le jouet des événements, des éléments, de la providence. Le mécontentement qu'il formule, il ne le ressent pas forcément. Parfois, il grognera simplement parce qu'il n'ose pas ne pas grogner. Ici, Grincheux n'est pas un nain, c'est une superstar.

Par moments, on jurerait que la gaieté n'est pas légale en France. Tant de visages sombres, d'airs furibonds, de moues exaspérées! Le garçon de café fronce les sourcils. Pour peu qu'entre un client inconnu, il le toise avec morgue et semble mettre le malheureux au défi de faire une commande intelligente. La nouvelle institutrice prend de haut les parents qui osent lui expliquer leur enfant. Elle n'a que faire des parents. L'Education nationale sait mieux qu'eux ce qu'il convient de faire avec leur progéniture. Alain Juppé, un homme sévère, éprouve toutes les peines du monde à s'arracher un demi-sourire au moment où ce serait pourtant le plus rentable pour lui, c'est-à-dire quand il passe à la télévision. Pour qui s'est habitué à la gentillesse souriante un peu automatique mais si plaisante des Américains à l'égard des nouveaux venus, la douche est froide.

D'où vient cette mélancolie tantôt songeuse, tantôt rageuse qui flotte sur l'Hexagone? La retenue est bien sûr une vertu cardinale de l'éducation française. Rien ne serait pire que d'être pris en flagrant délit de rire idiot, de sourire béat. Ce sont là les faiblesses de ceux qui se font « avoir ». L'imbécile heureux n'est pas un personnage envié dans l'imaginaire français. On lui préfère l'intellectuel blême et inquiet.

Les vêtements aussi font la moue. Chez les gens soucieux de montrer qu'ils réfléchissent, des vêtements tristes sont recommandés. Ils annoncent déjà les mornes conclusions de la pensée. Une femme vêtue de rouge éclatant ne sera pas prise au sérieux dans le monde des cérébraux. L'idéal féminin parisien n'est-il pas cette longue jeune fille triste, pensive et pâle, moulée dans des vêtements entièrement noirs ?

Les étrangers sont conscients de ces traits de notre caractère. D'ailleurs, les guides touristiques américains avertissent solennellement leurs lecteurs : « Ne souriez pas ! » Aux Etats-Unis, le sourire plaqué est une nécessité des relations sociales enseigné dès le plus jeune âge. On sourit tout le temps. Il faut s'y prendre à deux fois pour effacer le sourire sur le visage d'un Américain. Il sourira jusqu'à la limite de ses forces musculaires, jusqu'au moment, tardif, où son amour-propre criera enfin vengeance. A ce stade, le rictus ne sera pas remplacé par une moue dédaigneuse ou méprisante. Non. L'homme ou la femme offensée manifesteront une colère froide, sèche, sans cri ni gesticulation.

Le sourire est obligatoire notamment lorsque vous rencontrez un inconnu. On imagine facilement les malentendus pénibles que peut créer cet usage dans un pays comme la France où le fait de sourire à un inconnu est au contraire parfaitement incongru. Une jeune Américaine insuffisamment mise en garde sera tentée d'adresser la parole à des hommes dans la rue en leur faisant un large sourire pour dire une banalité aimable. Il y a fort à parier que les hommes en question la prendront au mieux pour une niaise, au pire pour une allumeuse, voire une nymphomane.

Aux Etats-Unis, le sourire est indissolublement lié au succès professionnel. Au sens de commercial. Il fait vendre. Le grand sourire fait beaucoup vendre. Son absence, en revanche, trahit le stress, le manque de contrôle, l'amertume, l'échec en somme. Dans les publicités américaines, même les personnes qui se plaignent se plaignent en souriant, ou plutôt, pour être exact, en découvrant leurs dents par un écartement des lèvres. A l'instar du rire asiatique, le sourire américain est trompeur.

Un homme politique américain doit savoir sourire de manière à la fois rassurante et dynamisante. Même Nixon, et Dieu sait qu'il n'était pas doué pour ça, avait appris à sourire. Jacques Chirac aurait pu faire là-bas une belle carrière politique, pas François Mitterrand. Quand ce dernier était président de la République, son visage indéridable plongeait les journalistes américains dans une perplexité sans fond.

Le sourire voyage mal et rien n'est plus amèrement cocasse que la collision entre un jeune yuppie américain plein d'énergie et le milieu professionnel hexagonal. Aussitôt débarqué, notre yuppie salue tout le monde d'une poignée de main ferme comme on le lui a appris dans ses cours d'expatriation, en criant presque son prénom monosyllabique. Il sourit. On voit toutes ses dents.

Dans son nouvel entourage, il est aussitôt suspect. Faut-il être idiot pour sourire constamment! A-t-il oublié que l'histoire est tragique? On ne sourit pas quand l'histoire est tragique. On est accablé par le destin. Une moue lasse, éclairée parfois d'un pâle sourire sardonique, est de rigueur si on veut être pris au sérieux. Or, malgré tous ses efforts, notre gagneur a l'air formidablement heureux. Grotesque!

Notre yuppie se prépare des jours difficiles. Même s'il est très doué, il lui faudra des mois pour adopter la mimique inutilement inquiète et stressée de l'Hexagonal dans son travail. Ici, on a le droit d'être « plutôt en forme », à condition de ne pas en rajouter et d'être régulièrement assailli par des doutes existentiels graves. Le ressentiment, l'agressivité, la frustration, font partie du paysage. Il existe ici une esthétique du malheur qui rehausse le prestige de ceux que le destin accable. Elle se transforme à l'occasion en esthétique de l'échec. La dépression se porte bien, merci. Nous sommes les plus gros consommateurs d'antidépresseurs du monde.

En France, la réussite, et surtout la réussite financière, ne doivent pas se célébrer. Il faut avoir la victoire discrète, le triomphe modeste et si possible
acerbe. Les contrevenants sont punis. C'est en partie
son formidable succès financier et la jubilation grand
public de films comme *L'Ours* ou *Au Nom de la
Rose* qui ont valu à Jean-Jacques Annaud d'avoir
parfois été mis au ban par le gotha du cinéma hexagonal. S'il n'avait pas gagné tant d'argent, l'ostracisme contre le Hollywoodien d'adoption aurait été
moins vif.

HARO SUR HOLLYWOOD !

Ce jour-là, sous le soleil de Floride, les producteurs et cinéastes américains présents au festival du film français de Sarasota avaient l'air vraiment épuisés. *Germinal*, le peplum prolétarien produit avec 300 millions de francs d'argent public, les avaient littéralement laminés, meurtris dans leurs convictions les plus profondes. Comment, se demandaient ces ténors de Hollywood, comment une grande démocratie comme la France pouvait-elle gaspiller tant d'argent des contribuables pour faire un film aussi désolant se déroulant dans un décor unique? Sans doute s'étaient-ils attendus à une sorte d'« Indiana Jones à la Mine » et la déception était cuisante.

Malgré la présence de Gérard Depardieu, le seul acteur français identifiable par n'importe quel Américain, impossible de garantir au film une vie, même courte, dans les salles obscures américaines. On en resterait à des salles d'art et d'essai dans quelques villes universitaires. Une mauvaise nouvelle pour les ténors de la production cinématographique française qui, sous la houlette de Daniel Toscan du Plantier, espérait faire enfin la percée tant attendue sur le plus profitable marché du monde.

Le cinéma français n'a jamais accepté l'idée qu'il pourrait disparaître un jour comme le cinéma allemand. Il souffre donc beaucoup de l'ostracisme croissant manifesté par les spectateurs américains. Il dépêche fréquemment outre-Atlantique de véritables délégations officielles avec pour mission de déverrouiller le marché local. En vain. Il existe certes des exceptions fameuses : *Cousin Cousine*, *Manon des Sources* et *Jean de Florette*, des films simples et forts comme nous savons parfois en faire. Sur la télévision cablée, des films comme *Cyrano de Bergerac* et *Au revoir les Enfants* font une très belle carrière. Mais cela ne suffit pas aux exportateurs en chef de la culture française. Ils ont le sentiment d'être floués par les distributeurs américains. En réalité, le bilan est modeste, mais stable. Les œuvres françaises restent présentes par leur fréquence aux Etats-Unis. Il arrive que l'incontournable *New York Times* les encense, mais elles restent généralement cantonnées dans quelques salles et font parfois moins recette que les films mexicains ou italiens.

Depuis qu'Yves Montand nous a quittés, peu d'acteurs et de cinéastes hexagonaux sont connus aux Etats-Unis. Gérard Depardieu (prononcer Depardiou à Los Angeles) est la seule véritable star et il joue souvent avec des stars américaines, comme Andie McDowell dans *Carte verte*. Catherine Deneuve, notre beauté froide, a connu un succès d'estime grâce à *Indochine* et *Belle de Jour*. Alain Delon et Jean-Paul Belmondo sont à peine connus.

Pour être reconnu aux Etats-Unis, il faut tourner dans des films américains, comme le font entre autres Julie Delpy et Juliette Binoche, ou figurer dans le générique des films tournés par les deux plus fameux transfuges français de Hollywood, Jean-Jacques Annaud et Luc Besson. Au risque de s'attirer les foudres du microcosme, ces deux metteurs en scène filment en anglais. De nos jours, être estampillé *french* est commercialement risqué aux Etats-Unis. A tort ou à raison, le film français est jugé trop sombre, trop pessimiste. Les personnages sont trop blêmes.

Un expert du marketing de Los Angeles expliquait un jour en quelques mots ce désamour : « Dans nos films, les histoires sont simples : le garçon rencontre la fille, ils font l'amour et partent ensuite faire du shopping. Les vôtres sont sinistres. Ils boivent, fument et parlent toute la nuit. Ensuite ils font l'amour et ils pleurent. Les Américains n'en voudront jamais. »

Malgré le faible niveau culturel du spectateur améri-cain moyen, la France ne renonce pas à le convaincre de regarder français. Ces efforts sont parfois tou-chants. Des sommes importantes ont ainsi été inves-ties dans le doublage d'un film aussi franchouillard que *Les Visiteurs*. La traduction en américain de l'ar-got hobereau du Moyen Age rural n'a pas été une sinécure, on s'en doute, et les finesses des dialogues échapperont à la majorité.

Certains échecs sont moins compréhensibles. *Un Indien dans la Ville* de Thierry Lhermitte a été doublé en Américain. L'histoire de ce petit indien d'Amazo-nie qui découvre Paris était pourtant un hymne à l'écologie et à l'intégration ethnique, mais les cri-tiques américains ont assassiné le film dès sa sortie. Il a enregistré à peine 500 000 dollars de recettes alors qu'il était diffusé dans plus de mille salles à travers tout le pays.

A Paris, la machine d'Etat ne baisse pas les bras. Le ministère de la Culture, dont le budget fait pâlir de jalousie bien des artistes américains, est capable de financer à perte, une vraie guerre de libération contre les superproductions hollywoodiennes. Puisque les batailles livrées sur le territoire américain se transfor-ment souvent en débâcles, le combat se transporte dans l'Hexagone, et non sans un certain humour. Dans cette guerre, la première arme, c'est l'impôt. L'Etat français prélève une taxe sur chaque ticket d'entrée dans les salles de cinéma. Cette taxe de 11 % va ensuite alimenter les caisses destinées au financement du cinéma français. Compte tenu de l'énorme succès que rencontrent de nombreux films américains auprès du public français, il est clair que ce sont *Jurassic Park* et *Terminator* qui permettent de tourner *Germinal*.

Les responsables de la Motion Picture Association et leur chef, l'impétueux Jack Valenti, trouvent le procédé abusif, mais ils protestent surtout pour la forme. Après tout de quoi pourraient-ils se plaindre ? Les films américains, dont le budget est généralement équilibré rien qu'avec les projections aux Etats-Unis, rapportent des fortunes dans un pays aussi cinéphile que la France.

Alors il reste à résoudre la question de fond. Pourquoi les mésaventures des héros de *Germinal* indiffèrent-elles totalement les Américains alors que les pitreries d'Eddy Murphy en professeur obèse font se déplacer les Français par centaines de milliers ? Pourquoi des films aussi beaux que *Tous les matins du monde,* aussi succulents que *Ridicule*, seront-ils limités au microcosme newyorkais ? Pourquoi ?

L'argument financier n'est pas négligeable. Grâce à leur marché intérieur, les films américains sont rentables avant même de sortir des Etats-Unis et leurs distributeurs n'hésitent pas à les brader sur les marchés étrangers. Les propriétaires de salles de cinéma sont donc tentés de les projeter en priorité. A plusieurs reprises, Disney a fourni gratuitement certains de ses films aux distributeurs russes. Les producteurs français ne peuvent pas se le permettre.

La teneur des films hexagonaux est également sur la sellette. Un Américain francophile expliquait : « Le jour où les Français seront capables de faire l'équivalent de notre *Independence Day*, c'est-à-dire un film gorgé de nationalisme infantile, alors ils auront fait un pas dans la bonne direction. Leur cinéma diffusera de l'énergie positive. Mais sans aller jusqu'à une superproduction de science-fiction, ils pourraient tourner un grand film d'aventure à la gloire de Jean Moulin et de la Résistance. Au lieu de cela, ils tournent *Uranus*, sur les miasmes de la collaboration. Ça ressemble à de la dépression nerveuse. »

Aux Etats-Unis, le cinéma est au service du consommateur. Un film ne voit pas le jour si son auteur n'a pas pu prouver qu'il sera commercialement viable. Les spectateurs sont sondés en permanence pour savoir ce qui les préoccupe, ce qui leur fait peur, ce qui les dégoûte. Le film est un produit emballé avec soin. Le marketing est essentiel. Il arrive fréquemment que la scène finale d'un film soit modifiée quand on observe une réaction négative chez l'échantillon de spectateurs sélectionnés pour en visionner une première version.

Conséquence de cette prudence commerciale : les films américains sont plus accessibles au grand public. D'une certaine manière, ils sont financièrement obligés de véhiculer des valeurs universelles auxquelles tout le monde, partout, puisse s'identifier. Cette universalité, les Américains la travaillent dans la comédie et dans le drame, dans l'action et dans le suspense ou dans la rétrospective historique. Le risque, évidemment, c'est de faire des films niais, aseptisés. Mais quand un metteur en scène de talent applique ses recettes commerciales, les résultats peuvent être admirables. *Vol au-dessus d'un nid de coucous* est un film américain commercial.

Les œuvres françaises sont parfois remarquables, mais elles sont très typées, très franco-françaises. Elles doivent pouvoir passer à la télévision française, puisque ce sont les grandes chaînes qui en financent partiellement la fabrication. Les sommes investies dans la production cinématographique hexagonale sont pour une large part de l'argent public. Est-ce à cause de cela que le cinéma français piétine ?

Peut-on véhiculer des valeurs universelles avec des subventions de l'Etat ? Bien sûr, répondent les adorateurs de Truffaut, dont les films tout aussi subventionnés qu'aujourd'hui, faisaient un tabac aux Etats-Unis il y a tout juste trente ans. Sans doute, mais les Truffaut se font rares en France. A l'époque, de surcroît, l'Amérique était encore assez perméable à la culture française. Depuis, le fossé s'est creusé entre la vieille Europe et une Californie de moins en moins européenne.

Que faire ? On serait tenté de dire : si le cinéma d'auteur français subventionné ne marche pas, y compris en France, qu'il disparaisse ! Il renaîtra plus tard de ses cendres, régénéré par la nécessité de plaire au public. Les Français n'ont pas besoin de voir *Germinal*. Lire le magnifique roman de Zola leur suffit. La France n'a plus les moyens de s'offrir de telles boursouflures cinématographiques.

Depuis que les Américains connaissent le coût astronomique de fabrication de ce film, ils sont au moins rassurés sur un point : cette histoire de crise économique en France était une plaisanterie ! Le cas de *Germinal* n'est pas unique. La subvention permanente a imprégné toute la culture française. Elle lui a fait prendre une direction fâcheusement nombriliste. Si encore l'Etat dénichait les meilleurs talents pour leur donner un coup de pouce, nul ne trouverait rien à y redire. Mais l'Etat ne procède pas ainsi. Ce sont souvent les mêmes, les plus gros, qui touchent les subventions. Dans trop de cas, celles-ci dégénèrent en cadeaux aux amis politiques du pouvoir en place.

Dans une Europe où le libéralisme économique est destiné à progresser rapidement, la France a beau plaider pour son exception culturelle, elle risque de passer pour un dinosaure. La guérilla anti-Hollywood ne se gagnera pas à l'aide de subventions. D'ailleurs, ce n'est pas la subvention en elle-même qui est contestable, mais plutôt la nature du pouvoir qui la distribue. Quand Louis XIV ou les ducs d'Italie puisaient dans leurs trésors pour financer l'œuvre d'un artiste, ils inspiraient à l'auteur un goût du dépassement. La subvention pouvait alors déboucher sur des merveilles. Le roi, ou le mécène, quel qu'il fût, insufflait sa grandeur dans l'œuvre. On ne songerait pas à faire ce reproche aux officines publiques ou parapubliques hexagolanes qui sélectionnent les projets cinématographiques à subventionner en priorité.

Il y a deux siècles, la France pouvait prétendre se suffire à elle-même sur le plan culturel. Elle était en tout point une grande puissance qui irradiait sa culture en direction du reste du monde. La subvention était un mode de gestion naturel du génie artistique des Français de l'époque. En 1997, l'Hexagone est une puissance moyenne en flottement culturel. Il a besoin de se rafraîchir les idées en regardant ce qui se passe au-dehors. Or la subvention a tendance à isoler, à rendre le regard de l'artiste franco-centrique au moment précis où il faudrait lui faire prendre le large.

Dans un pays qui fait du sur-place, la subvention a tendance à récompenser la docilité plus que la démesure, le conformisme plus que l'originalité. Elle ne favorise pas l'art au sens noble du terme. Avant de se battre pour l'exception culturelle, il faudrait se donner les moyens de créer une culture et un cinéma exceptionnels. Elle sait faire des films-petits-bijoux. Elle devrait se lancer dans les énormes peplums exportables. Le jour où la France pourra faire un grand film d'action récoltant 500 millions de dollars, elle ne s'en portera sûrement pas plus mal. Le *Cinquième Élement* de Luc Besson est un pas dans cette direction. Mais s'agit-il encore d'un film français?

ARGENT SECRET

La première chose que fait un gagnant de la loterie, aux Etats-Unis, c'est de louer une longue limousine noire avec chauffeur. Juché sur le siège, la tête dépassant du toit ouvrant, il sillonne alors son quartier de long en large, klaxonnant, agitant son chèque long comme une baguette de pain, avec une vulgarité rayonnante.

Si la ville est trop petite ou trop perdue, il fera venir le véhicule de loin, mais la limousine est indispensable. Elle est un signe indéniable, déchiffrable par tous, de la réussite. C'est la voiture qu'utilisent les riches de Central Park quand ils sortent dans New York. C'est dans une « limo » que montent les stars le soir des Oscar à Hollywood. Il « faut » une « limo ».

Les voisins se posteront sur le pas de leur porte pour voir parader celui qui est devenu, en quelques

heures, mille fois plus riche qu'eux. Il est heureux. Ils
sont heureux aussi. C'est beau, un gros chèque! Et
puis cela veut dire qu'il est possible de gagner le jack
pot, même quand on est un Américain perdu au fin
fond du Kentucky. Un jour, ce sera leur tour.

La télévision montre souvent ces films publicitaires
qui décrivent le choc émotionnel des gagnants appre-
nant, sous l'œil de la caméra, qu'ils viennent de
gagner 10 millions de dollars. Ce sont les plus fortes
images d'extase que la civilisation américaine puisse
offrir : le visage de ce mineur de Mud Creek (Kentucky) qui approche sa main noire de suie du chèque
monumental. Là-bas, l'argent « est » le bonheur.

Aux bambins de l'Hexagone, on explique très tôt,
en revanche, que l'argent ne fait pas le bonheur. Le
gagnant qui empoche 150 millions de francs au loto
s'enveloppe aussitôt dans un anonymat superbe. Il a
sans doute peur d'attirer les convoitises ou les jalou-
sies. Est-ce sa richesse nouvelle qu'il craint de montrer, ou bien la joie qu'il éprouve à la posséder? En
bref, est-ce de la pudeur qu'il manifeste, ou bien de
la mesquinerie? C'est peut-être une façon de dire que
sa fortune soudaine ne saurait le changer, qu'elle est
un épiphénomène sans importance au regard des pro-
fondeurs de la vie. Elégance, ou arrogance? Malaise,
à tout le moins.

C'est peu dire qu'Américains et Français vivent différemment leurs rapports à l'argent. Les anecdotes abondent pour décrire ce fossé culturel. Chez une Américaine, un invité qui fait une tache de vin sur un joli tapis n'hésitera pas à sortir sur-le-champ son chéquier, à signer un chèque et à le remettre à la maîtresse de maison pour couvrir les frais de nettoyage. Ce faisant, il aura le sentiment d'avoir fait le maximum en son pouvoir pour corriger son erreur. Il partira en paix avec lui-même.

Le même réflexe sera perçu comme une insulte par une hôtesse française. Elle prendra très mal la monétisation de sa relation à l'invité. Question d'honneur. Elle refusera probablement énergiquement le chèque, en appliquant le principe selon lequel elle est responsable de tout ce qui se passe sous son toit, y compris financièrement. Libre à l'invité maladroit d'envoyer le lendemain un beau bouquet de roses pas trop rouges. L'amour-propre d'une maîtresse de maison n'a pas de prix en France. C'est une des beautés du vieux pays. L'argent y joue un rôle important, mais secret.

Aux Etats-Unis, l'argent est la sève de la vie. Il circule d'ailleurs beaucoup plus qu'ici. La culture est largement fondée sur le dollar, et l'esthétique du billet vert occupe une place de choix dans l'imaginaire local. La beauté physique est souvent ramenée à cette icône magique. « Tu ressembles à un million de dollars » est un compliment qui fait rougir les belles à travers toutes les campagnes d'Amérique. La morale n'échappe pas à cette influence. « Tu peux mettre ça à la banque » vaut toutes les « paroles d'honneur » lorsqu'il s'agit de s'engager à l'égard d'un partenaire.

L'argent, c'est la vie. On en parle. Il est transparent. Commenter le prix d'une bouteille de vin qui est posée sur la table n'est pas grossier. Interroger quelqu'un sur son salaire n'est pas indélicat. Refuser une sortie à cause de son prix n'est ni ressenti, ni jugé comme un acte honteux. Dans n'importe quel magasin, marchander est possible. De voisin à voisin, on se complimente autant pour l'achat d'une nouvelle voiture que pour la naissance d'un enfant. Une voiture, c'est aussi un nouveau départ dans la vie. Passer d'une Chevrolet à une Cadillac, et tout le quartier hoche la tête, sensible au symbole d'ascension.

Dans un mode de vie où les transferts financiers en provenance de la puissance publique sont beaucoup moins systématiques et beaucoup moins généreux qu'en France, l'essentiel de l'argent de chacun découle directement de son travail. L'argent n'est pas un concept flou. Il est donc possédé avec plus de fierté, considéré avec plus de déférence, recherché avec plus d'avidité, dérobé avec plus de violence. C'est avec leur argent, et leur argent seul, que des millions d'Américains paient leur couverture médicale. C'est par manque d'argent que 37 millions d'autres Américains ne peuvent pas s'offrir une assurance médicale. L'argent peut devenir une question de vie ou de mort.

La transparence sur l'argent s'accompagne d'une forte mobilité financière des individus. Ils peuvent être riches un jour, et voir leur niveau de vie chuter brutalement le lendemain. On peut perdre son emploi et accepter un nouveau job pour un salaire bien moindre, et à des milliers de kilomètres de là. Faute de choix. C'est un jeu cruel et vivifiant qui n'est pas particulièrement propice aux états d'âme. A un instant donné, on n'est que ce que l'on a, mais on peut toujours se refaire. L'argent mène la danse, mais il vous invite souvent. C'est le rêve américain.

L'architecture elle-même fait une large place au dollar. Dans l'Ouest, quand vous approchez d'une ville, avant même que les bâtiments se détachent sur la plaine, on aperçoit des prix en chiffres immenses qui clignotent au sommet de pylones en acier : « Cheeseburger pour 1,99 dollar. » Le plus beau, dans un motel, c'est souvent l'enseigne tapageuse qui annonce de loin le tarif de la chambre en mentant effrontément sur sa qualité. Plus le produit est insignifiant, plus les chiffres sont écrits gros. S'il s'agit de vendre un cornet de pop-corn dans un cinéma en plein air *drive in* de Californie du Sud, les chiffres peuvent atteindre un mètre cinquante de haut. Pour montrer un prix, les Américains sont prêts à tout, y compris à l'écrire dans le ciel sur une banderolle tirée par un avion.

L'argent est présent à tous les moments de la vie. Même la mort se chiffre, avec un stupéfiant luxe de détails. Les entreprises de pompes funèbres pratiquent un marketing foudroyant, avec réduction sur les cercueils et différentes options de prix dégressifs en fonction de la cérémonie religieuse choisie.

L'argent doit se voir, comme les dents dans un sourire. Si on met de côté la frange de la population qui a été contaminée par le maniérisme de la Vieille Europe, l'immense majorité des Américains aiment dévoiler la somme qu'ils ont dépensée pour se procurer un objet, embaucher un analyste financier ou acheter une maison. Cela fait partie du plaisir.

Tout n'est pas à vendre, encore que... Le Président Clinton n'avait-il pas transformé une partie de ses appartements de la Maison-Blanche en chambre d'hôtes pour très riches donateurs démocrates ? Les Républicains ne sont pas en reste. Après la fin de son second mandat, Ronald Reagan avait accepté des ponts d'or de la part du révérend Moon, chef de la secte du même nom, pour effectuer une tournée de conférences en Asie. Il n'existe aucune pudeur à propos de l'argent. Au cours d'un célèbre débat télévisé, le même Reagan avait connecté avec l'Amérique profonde en lâchant d'un air ulcéré : « Mais j'ai payé pour ce micro! », quand il estimait son temps de parole insuffisant.

Gagner de l'argent est une mission presque mystique, gaspiller un dollar d'argent public est un crime. Le contribuable américain est persuadé que le gouvernement fédéral, administration et Congrès confondus, gaspillent ses dollars. Et quand on lui fait le coup du Crédit Lyonnais avec les caisses d'épargne *Savings & Loans* pendant les années quatre-vingts, le contribuable se fâche. Il demande des comptes, envoie quelques responsables en prison. Au bout du compte, le contribuable a payé, mais la réaction de l'opinion fut infiniment plus forte qu'elle ne l'est aujourd'hui en France.

La télévision exploite sans fin le filon antigaspi. Certaines émissions sont exclusivement consacrées à la dilapidation des deniers publics. Une très célèbre rubrique du journal du soir d'*ABC News* – « *C'est votre argent* » – divulgue les grandes gabegies fédérales en les chiffrant avec précision. Elle connaît un succès énorme et fait trembler chaque jour, tantôt le Pentagone, tantôt le département de l'Agriculture ou celui de l'Energie. Les têtes tombent, les hauts fonctionnaires valsent, les ministres sautent au grand bonheur des contribuables qui n'ont aucune hésitation à renvoyer ces employés indélicats. Si on ne peut plus compter sur le personnel...

La France est un pays très riche, mais l'argent y est perçu comme quelque chose de sale. On y pense à peu près tout le temps, mais il ne faut pas en parler, car il dérange une subtile hiérarchie parallèle des valeurs mise en place au fil des siècles pour préserver l'unité nationale : elle est sensée rivaliser avec celle des prix et des salaires. Un nom, un diplôme, offrent par eux-mêmes un rang social, même sans argent.

La France est fière d'avoir instauré une mérito-cratie dans laquelle les plus brillants sujets choisis-sent la fonction publique où ils seront payés des clo-pinettes, avant, il est vrai, de se rattraper goulûment quand ils intègreront le secteur privé. Dans notre monarchie républicaine, on reste également très attaché à l'image d'Epinal de l'aristocrate désar-genté, qui demeure au faîte de la société tout en fai-sant objectivement partie des couches de revenus inférieurs. Un château en ruines vaut mieux qu'un pavillon neuf.

Pour se montrer, l'argent doit emprunter des formes très précises. Acheter une grosse voiture alle-mande, par exemple, est mal vu dans la bonne société. La briquer soigneusement chaque week-end, du dernier « plouc ». Mais rouler dans une très belle voiture italienne encore plus chère que la berline alle-

mande, c'est chic! Si elle est ostensiblement poussié-
reuse, c'est encore mieux.

Acheter un délicieux petit mas à Oped pour un
prix astronomique, c'est un tant soit peu suspect
parce que le village, trop restauré, est menacé de l'éti-
quette la plus infâmante de la société française : nouveau riche. A la moindre erreur, ce label est apposé
sans espoir de rémission pour la vie durant. Les
grands bourgeois américains de la côte Est sont également sensibles au fossé entre « argent jeune » et
« vieil argent », mais sur un mode plus badin.

En France, le rapport de force social reste en
faveur des désargentés. Parler d'argent est interdit,
car c'est socialement dangereux. Les différences de
revenus ne sont pas ressenties comme une stimulation
mais comme une blessure, une humiliation qui casse
l'harmonie. Il y a beaucoup d'argent, mais il ne circule pas. Les ascensions financières brutales sont
rares, les ruines soudaines également. On aime l'argent tranquille.

Et puis chacun est prompt, en France, à confondre
inégalité et injustice, ce qui permet de passer pour
vertueux lorsqu'on agit par pure jalousie. Dans un
pays à l'arrêt, l'envie se substitue à l'ambition. Alors
que l'Américain pauvre aspire tout simplement à
devenir riche, son homologue français, lui, veut
« faire payer les riches » sur un ton laissant entendre
qu'il aimerait les voir disparaître à tout jamais, ce

qui, au passage, empêcherait définitivement les riches de payer quoi que ce soit. La lutte des classes se porte bien, merci. L'immobilisme social bat son plein. Dans un pays où vivrait le rêve d'une ascension rapide, le mythe du riche à dépouiller aurait fait long feu il y a belle lurette.

Cette suspicion à l'égard de l'argent déclenche régulièrement des pychodrames archaïques. On se souvient des polémiques récurrentes au sujet des salaires des grands patrons français. Celui de Jacques Calvet, le président de Peugeot, avait été jugé indignement élevé. Ce courroux trahit à nouveau la méconnaissance que les Hexagonaux ont de l'économie en général et des salaires des pdg dans le monde en particulier. Quand un homme est responsable d'une société faisant un chiffre d'affaires de plusieurs dizaines de milliards de francs, un salaire de quelques millions se conçoit.

La pression anti-argent porte ses fruits. A société comparable, les patrons français sont en moyenne nettement moins bien payés que dans les autres pays industrialisés. Et l'écart entre plus hauts et plus bas salaires est beaucoup plus faible qu'ailleurs. Pour satisfaire son obsession égalitariste, le système français offre des salaires relativement faibles. Il compense par des avantages et des primes qui possèdent l'incomparable avantage d'être discrets. A l'ostentation américaine correspond donc une dissimulation française. Individuellement, reflète-t-elle une discrétion ou une hypocrisie ? Une seule chose est sûre : en matière d'argent public, le voile est devenu très impudique : c'est la corruption. Elle est d'autant plus tentante pour le responsable français que le contribuable hexagonal ne s'organise pas pour surveiller les flux financiers publics dans le détail.

Autre dérapage : le financement des partis politiques. Il est lui aussi victime de l'opacité qui entoure les questions d'argent en France. Dans l'impossibilité pratique de se financer normalement et ouvertement, les partis ont eu systématiquement recours à des procédés illicites. Il a longtemps été admis que bien des prêts d'aide octroyés à des pays africains, et bien des commissions de contrats de ventes d'armes au Moyen-Orient, se retrouvaient ensuite en partie dans les coffres du parti au pouvoir.

La Cour des comptes publie des rapports passionnants qui amusent la presse pendant une semaine, mais ne sont pratiquement jamais suivis d'effets. Le grand public, et surtout les classes socio-professionnelles à revenus faibles, si promptes à étriper les patrons, ne s'en prennent que rarement aux détournements d'argent public et aux erreurs de gestion dans le secteur public, même quand ils portent sur des centaines de milliards. Cette absence de réaction aux gaspillages, c'est le grand mystère français.

LE BON, LA BRUTE ET L'ÉNARQUE

Quelques mois avant les législatives anticipées de mai 1997, Jean Arthuis, le ministre français des Finances, annonce que l'Etat se prépare à « recapitaliser » le Groupe des Assurances nationales (GAN) à hauteur de 20 milliards de francs. La nouvelle ne suscite qu'une profonde indifférence en France. Pas de grande manifestation, aucune exigence d'explication. Comme si depuis le scandale du Crédit Lyonnais, il était admis que le déficit moyen des comptes d'une entreprise publique dirigée par un inspecteur des Finances se chiffrait en dizaines de milliards. Une sorte de monopoly catastrophe qui ferait désormais partie du paysage.

De deux choses l'une : soit les Français se sentent financièrement très à l'aise, soit ils n'ont pas bien compris qu'il s'agit de leur argent. La première hypothèse est difficilement recevable. Dans un pays qui compte presque 13 % de chômeurs, nul n'ignore à quoi auraient pu servir ces 20 milliards. A créer des emplois, à former des jeunes, à financer des retraites à 55 ans, par dizaines de milliers.

Il faut donc en conclure que les Français ignorent le sens du verbe recapitaliser. Il est vrai que ce mot contient une notion positive rassurante. Il sonne agréablement aux oreilles. On a presque l'impression que le Gouvernement lance sur les rails une nouvelle entreprise entièrement remise à neuf.

Pour une fois, les grands communicateurs du Gouvernement, si malhabiles en d'autres occasions, ont fait des merveilles. Ce n'est plus la langue de bois, c'est la langue de granit. Aucun n'a songé un seul instant avouer aux Français que les combinaisons immobilières ineptes d'une poignée de hauts fonctionnaires pantouflards et grassement payés allaient coûter à chaque Français environ 4 000 francs. La rue ne serait sans doute pas restée aussi calme. Au moins, elle permet aux as du GAN de recapitaliser dans la bonne humeur. Moteur! On tourne *Le Bon, la brute et l'inspecteur des Finances...*

Si Jean Arthuis, qui n'est pas énarque mais expert-comptable, avait été plus franc, il aurait tenu le discours suivant : « Le GAN a gaspillé 20 milliards pendant les années quatre-vingts parce que des énarques dénués d'une formation adéquate, et non soumis à des contrôles réguliers, ont multiplié les micmacs immobiliers insensés. Maintenant, je suis désolé, mais il faut payer. Comme de bien entendu, les dirigeants du GAN ne seront pas inquiétés, mais vous, les contribuables, vous allez régler la note. »

Le ministre aurait pu ajouter : « A propos, pour l'ensemble des entreprises publiques, le total des trous atteint 200 milliards. Bien sûr, il est impossible de les répercuter tout de suite en hausses d'impôts, vous vous vengeriez en nous faisant perdre les élections législatives, donc nous allons nous endetter et vos enfants paieront des intérêts plus tard. » Il y a peu de chances pour que nous entendions jamais pareil discours. Parler d'argent, c'est vulgaire! Quant à parler des enfants, ce serait de la sensiblerie!

L'Américain de base possède, lui, des idées assez précises sur l'Economie car il sait que celle-ci a une influence directe sur sa vie. En clair, c'est son argent et il le fait savoir en toute occasion. Quand Pennsylvania Avenue n'était pas encore fermée aux voitures, on voyait souvent un homme devant les grilles de la Maison-Blanche avec une pancarte : « Klaxonnez si vous trouvez qu'ils gaspillent nos impôts. »

Transposée en France, cette vision plus prosaïque de l'argent public pourrait conduire à des situations inédites. Le citoyen averti serait en droit de poser quelques questions simples : quels sont les noms des dirigeants du GAN qui ont gaspillé les milliards?

Puis-je demander justice? Où s'adresser? Serait-il possible qu'une partie, même symbolique, des sommes perdues, soit remboursée aux contribuables par les coupables? Est-il envisageable que les dirigeants du GAN impliqués dans le naufrage viennent faire des excuses publiques à la télévision, juste après Les Nuls, par exemple?

Ces questions font sourire l'Hexagonal parce que l'analphabétisme économique a fait des ravages en France. A l'impudence d'une élite qui s'est octroyé le monopole de la décision économique, répond une démobilisation générale. L'Hexagonal n'est pas formé à surveiller ce que les pouvoirs publics font de son argent. Il ne sait pas grand-chose de l'économie car elle a longtemps été administrée par la puissance publique, hors de portée de son jugement. L'Etat s'occupait de tout.

Il est vrai qu'une grande partie des Français, en gros une moitié d'entre eux, tout en payant comme tout le monde d'importants impôts indirects sous forme de prélèvements obligatoires à la source, ne payent pas l'impôt sur le revenu. Cette exemption est justifiée mais elle a pour conséquence de les expulser de la vie économique, de la connaissance économique, et, pour finir, de la responsabilité économique. Ils ne ressentent pas le besoin d'aller au-delà de ce que leur serine l'administration. Ils sont donc le jouet de la pensée unique.

PENSÉE INIQUE

« Je pense, donc je suis. », disait le philosophe.
Aujourd'hui, le mot d'ordre semble être devenu :
« Ils pensent et moi je les suis. » Quand les
citoyens d'un pays confient à ses hauts fonctionnaires le soin de penser pour eux, les technocrates,
trop contents de s'exécuter, choisissent la pensée et
verrouillent le débat. L'administration gère le pays.
Forte de son expertise en tout, elle peut tranquille-
ment dénoncer toutes les pensées différentes comme
des erreurs de gestion. Il en résulte une pensée
unique qui, dans ses dérives tantôt cocasses, tantôt
inquiétantes, rappelle le ministère de la Vérité du
1984 d'Orwell. Tous ceux qui prêchent une autre
démarche intellectuelle ou politique sont repoussés
dans le camp des irresponsables avant d'être intellectuellement exécutés.

Les hommes politiques, les penseurs et les médias ont le sentiment gratifiant de façonner la pensée ambiante, mais l'administration leur souffle bien des idées. Tous les autres pouvoirs n'influent sur les événements qu'à la marge. Seule l'administration est toujours au centre. Comme la grenaille de fer dans le champ d'un aimant, les pensées s'alignent, bon gré mal gré, dans l'unique direction qu'elle cautionne.

Pour perdurer au pays du coq, la pensée unique doit bien sûr revêtir des formes stimulantes du genre « politique du Franc fort ». Quelques mots agencés de manière virile, un adjectif noble, et le microcosme ravi entonne pour dix ans le slogan officiel. Il se prend à rêver que le général de Gaulle est toujours aux commandes, que la France est toujours une grande puissance, que l'Allemagne est toujours coupée en deux. Ça y est : la pensée unique l'a hypnotisé.

Depuis la guerre, bien des slogans se sont épanouis sous le ciel de la Gaule, mais aucun n'a connu un succès aussi foudroyant, aucun n'a été à ce point élevé à la dignité de dogme, comme le Franc fort. Ce vieux pays qui s'enorgueillit de maîtriser le raisonnement mieux que n'importe quel autre reste étrangement vulnérable aux sirènes de sa propre propagande. Qui serait assez peu patriote pour oser s'attaquer au Franc fort, à part les adeptes dévoyés d'un Franc faible, des traîtres défaitistes à la solde de l'étranger?

Si des « psycho-économistes » réalisent un jour la psychanalyse du Franc fort, ils découvriront sans doute que la formule représentait un moyen détourné de surmonter l'angoisse provoquée par la réunification allemande. Depuis la guerre, aucun événement international n'a autant marqué les Hexagonaux que la réémergence de leur énorme voisin à l'Est. De centre de l'Europe libre, ils sont devenus une périphérie de l'Allemagne unifiée. Alors, pour compenser cette dégradation de leur statut international, il fallait une sonnerie de clairon monétaire. Il y a un machisme du Franc fort, celui du petit qui croit devoir défier le grand sans prendre trop de risques, un exorcisme du sentiment d'infériorité. Alors que le Franc fort, malgré toute sa morgue, n'est finalement qu'un alignement sur la politique allemande. C'est l'équivalent monétaire de « Retenez-moi ou je fais un malheur! » Un pays plus sûr de lui et moins porté aux rodomontades aurait fait l'économie de la formule et tenté de négocier plus fermement avec le chancelier Kohl.

Le Franc fort a affaibli l'économie française, en tuant la croissance. Consacrée exclusivement à la lutte contre l'inflation, la politique monétaire a maintenu des taux d'intérêts trop élevés. Dissuadées d'emprunter, les entreprises n'ont pas investi et n'ont pas embauché. La déflation compétitive du Franc fort a mis des centaines de milliers de Français au chômage. C'est la thérapeutique de choc voulu par l'homme lige de la pensée unique, l'archéo-énarque Jean-Claude Trichet, aujourd'hui heureux gouverneur de la Banque de France. Son obstination a fait grimper le taux de chômage jusqu'à 12,7 %. S'il persévère – cet homme n'a qu'une parole – la proportion pourrait bien monter jusqu'à 15 % de la population active, voire plus. Passé un certain stade, la société serait complètement destabilisée.

Le sort des entreprises a été placé entre les mains d'un homme qui n'a jamais connu l'entreprise et encore moins le risque de perdre son emploi. Les multinationales françaises, elles, se moquent des restrictions trichetistes. Elles peuvent se refinancer à volonté sur les marchés étrangers. Mais le Franc fort a commis une injustice à l'égard des entreprises les plus petites. Elles surtout ont été frappées de plein fouet par le Franc fort. L'armée des PME aux ordres du général de la croissance morte!

Il y a dix ans, la doctrine Trichet semblait convaincante. Le Franc fort allait naturellement obliger les entreprises françaises à réaliser des gains de compétitivité spectaculaires pour continuer à exporter. Aujourd'hui, clament les trichetistes, le commerce extérieur français dégage des excédents remarquables. C'est vrai, mais ces excédents dénotent surtout un ralentissement des importations, conséquence mécanique de l'absence d'investissement.

La France est une puissante machine à l'arrêt. Stoppée net par une politique de régression menée au nom de la stabilité monétaire, au moment où le pays a au contraire besoin d'une impulsion dynamique pour retrouver la croissance. Quelques esprits chagrins reprochent-ils au gouverneur de la Banque de France d'avoir soixante ans de retard, de nous replonger dans les années trente ? Lui est sûr d'avoir dix ans d'avance. Il sauvera la France malgré elle, dût-elle en périr.

Avec le nombre de chômeurs en France, inutile pourtant d'être un prix Nobel d'économie pour comprendre qu'il est urgent de changer de méthode, urgent d'abandonner cette obsession monétariste et de se résoudre à être bassement mercantile. La priorité, c'est que nos entreprises exportent, quitte à dévaluer, quitte à castrer le Franc fort, en espérant que l'emploi suivra.

Ce raisonnement simpliste déplaît à M. Trichet. Lui aux commandes, le Franc sera « fort ». Récemment, au cours d'une réunion du Conseil consultatif de la Banque de France, il avait eu cette phrase révélatrice en réponse à une question angoissée de Jacques Calvet. En tant que patron d'une grande entreprise, le président de Peugeot s'inquiétait de l'impact gravement négatif de la politique monétaire de la Banque de France sur le chômage. Tout sourire, M. Trichet lui répondit : « Mais, le chômage, cher ami, ne fait pas partie des responsabilités de la Banque. C'est le problème du ministre du Travail. » Circulez !

Il est vrai que la Banque de France, aujourd'hui indépendante, n'a qu'une mission : la lutte contre l'inflation. Cette institution théoriquement essentielle de l'économie peut donc se désintéresser totalement de la croissance et du chômage. Ainsi l'explique la charte de la Banque, concoctée sur mesure par son futur gouverneur. Jean-Claude Trichet s'est construit un Olympe sur mesure.

De l'autre côté de l'Atlantique, la Réserve fédérale américaine ne pourrait pas se permettre la même cécité. On lui fixe des objectifs plus globaux. Alan Greenspan, son président, est chargé d'assurer la bonne santé du dollar, mais il doit aussi veiller à ce que l'emploi se porte bien et à ce que les taux d'intérêts soient assez bas pour ne pas asphyxier l'investissement. La Fed a donc une mission dynamique vouée à la croissance.

Même s'il lui en prenait l'envie, M. Greenspan ne pourrait pas s'offrir le luxe de fantasmer sur le « Dollar fort ». Il lui faut opérer en permanence un compromis entre les trois impératifs de son mandat. M. Trichet, lui, jouit de l'indépendance mais celle-ci

n'est compensée par aucune responsabilité économique. Il peut en toute quiétude, par exemple, aug-
menter les taux d'intérêts. Que le ministre du Travail
se débrouille ensuite !

La pensée unique, c'est celle que pratique une élite
unique issue d'un moule unique après un enseignement unique – celui de l'Ecole nationale d'Administration – dans une ville unique : Paris. L'ENA, c'est
l'Ecole des Cadres du Parti de la pensée unique. Nul,
bien sûr, ne discute la valeur de la technocratie française, une des plus sophistiquées du monde industria-
lisé. Ce qui est en cause, c'est l'appauvrissement biologique provoqué par le quasi-monopole dont elle
jouit dans tous les organes de décision. En créant
l'ENA, le général de Gaulle avait voulu offrir un outil
à la France, pas la rendre otage d'une bureaucratie
d'élite. Une bureaucratie n'a jamais qu'un seul objectif : s'étendre et durer. Un homme politique, au
contraire, s'efforce de convaincre pour gagner. Deux
motivations à des années-lumière l'une de l'autre.
   Pour échapper à la pensée unique, les partis
devraient inclure des hommes et des femmes de la
société civile, des hommes d'affaires, des médecins, et
rejeter les technocrates dans leur domaine de compétence : l'administration. Quand l'homme politique est
aussi un fonctionnaire, il fait semblant de mener un
combat politique pour jouer un jeu démocratique

formel mais c'est un combat pipé puisqu'il n'y a pas de défaite possible. On retrouve toujours un emploi dans son corps administratif d'origine.

Dans le système français, il est même très avantageux d'être un fonctionnaire du parti battu aux élections. C'est la meilleure manière de relancer une carrière. En prévision des futures alternances, on traite très bien les adversaires politiques battus. Les membres des cabinets dissous vont constituer des clubs dans les grandes ambassades en attendant la revanche. La connivence est bien plus forte que la concurrence.

Produit dérivé de la collusion entre anciens de la même « promo », la consanguinité intellectuelle annule plus que le débat. Elle annule jusqu'à la possibilité, jusqu'au désir même, d'un débat. Un énarque ne peut pas débattre de manière crédible avec un autre énarque. Autrefois, quand Giscard croisait le fer avec Rocard sur le petit écran, on ne pouvait s'empêcher de constater l'extraordinaire proximité conceptuelle entre les deux hommes. Quand Alain Juppé débat avec Laurent Fabius, impossible d'oublier qu'ils sont tous les deux énarques et normaliens. Derrière leurs choix politiques opposés, la logique administrative est la même. La pensée unique pèse sur eux, comme un *big brother* intérieur.

Elle est si envahissante qu'elle pollue les meilleures intentions. Cet hiver, lors d'une émission qui l'opposait à quatre journalistes de télévision, Jacques Chirac s'est laissé aller, à quelques instants d'intervalle, à promettre qu'il voulait réformer le pays en profondeur, puis à jurer qu'il ne toucherait jamais aux acquis sociaux. Dans cet exemple, c'est la cohérence minimale qui tombe victime de la pensée unique. Car bien sûr, la seule réforme profonde qui peut changer la France, c'est celle des acquis sociaux. Ils pèsent trop lourd sur l'économie française. Tout le monde le sait, mais cette réalité brutale est interdite d'antenne.

Les hommes et les femmes qui croisent le fer avec la pensée unique sortent politiquement meurtris du duel. Ils sont réduits au silence, marginalisés. Philippe Séguin s'était trop écarté du credo officiel sur l'Europe. Il a dû faire amende honorable avant de remonter la pente pas à pas et redevenir « Premier-ministrable ». Alain Madelin avait fulminé à haute voix contre les excès de l'Etat-providence. Il a été chassé du gouvernement Juppé. On rappelle généralement ces iconoclastes au moment des campagnes électorales pour jouer la carte de l'ouverture idéologique. Ensuite, ils sont priés de rentrer dans le rang. Pas étonnant que les électeurs aient de plus en plus de mal à faire la différence entre les partis, les hommes, les programmes. L'arène politique leur fait l'effet d'un magma uniforme. On retrouve toujours les mêmes poissons dans l'aquarium parisien.

ENCORE EUX ?

Fermez les yeux. Vous êtes le 10 décembre 2001. La poussière est retombée depuis lontgtemps sur les législatives de mai 1997. La prochaine élection présidentielle est dans six mois. Un duel Chirac-Jospin se profile à nouveau. Malgré son âge et ses crises de rage de plus en plus fréquentes, Le Pen est fidèle au poste et le vicomte de Villiers prêche la bonne parole. La France bâille vigoureusement et vaque à ses autres occupations.

Vers 17 heures, dans l'indifférence générale, un notable de quatrième zone du parti socialiste, le maire d'une ville moyenne du Sud, convoque une conférence de presse à laquelle personne, bien sûr, ne se rend. La feuille de chou locale sort donc le lendemain matin le seul grand scoop de sa paisible histoire. M. le Maire est candidat à la présidence de la République.

Au parti socialiste, on ricane de cette folie, mais on doit convenir que le programme du maire sacrilège est stupéfiant. Il propose de baisser les impôts, de durcir la lutte contre l'immigration clandestine, de connecter toutes les écoles de France à Internet et de rendre obligatoire les Travaux d'intérêt général pour les citoyens de plus de 16 ans.

Les ténors socialistes le chasseraient bien du parti, mais ce serait faire une croix sur le Sud de la France : du suicide. Car malheureusement, le maire fou est crédible. Ce qu'il propose, il l'a accompli dans sa ville au cours des cinq années écoulées. Les impôts locaux ont disparu, après que les soixante mille citadins eurent décidé d'organiser et de financer eux-mêmes les services municipaux. On ne peut même pas asphyxier financièrement le maire rebelle. Les habitants de sa ville ont décidé de mettre à la disposition de sa campagne 100 millions de francs qui proviennent du placement, à Londres, des fonds épargnés pour la gestion de la commune. Pour être certain qu'il ne dépendra ni de fonds occultes ni des coffres du parti.

Les caciques du PS lui demandent une entrevue. Il accepte volontiers, à la seule condition qu'un échantillon de citoyens assiste à l'entretien et puisse l'enregistrer. Les caciques annulent. Les jeunes loups du parti, qui comptent quelques inspecteurs des

Finances, se lancent dans une analyse millimétrée des comptes de la commune. Dans une ville du Sud, il y a toujours quelque chose de louche. Trouver les comptes de la ville n'est pas bien difficile. Ils sont affichés sur les murs de la mairie. Les jeunes loups reviennent bredouilles. La ville réalise en effet chaque année un audit fouillé des finances de la commune et choisit, pour l'effectuer, la filiale française d'une société américaine au-dessus de tout soupçon et parfaitement indifférente à la couleur politique du président de la République.

Avec un slogan simple – « La gestion, ça s'apprend » – le maire commence à sillonner le pays. Les Français découvrent un homme de taille moyenne au visage rond. Une femme, trois enfants. C'est un self-made-man qui a fait quelques affaires plutôt brillantes avant de se lancer dans la politique. Il vit dans l'aisance et ne s'en cache pas. Il ne s'en excuse pas non plus. C'est un Tapie fiable, en somme, qui a fleuri au pays de Le Pen.

Dans ses discours, il ne parle pas des autres candidats, comme si ces derniers appartenaient à un monde à la fois virtuel et disparu. Il ne parle pas des droits de l'homme, ni du Moyen-Orient. Il ne chante pas la grandeur de la France ou les prouesses africaines de ses forces armées. En revanche, il répète inlassablement à tous les Français qu'il croise : s'ils l'aident, il peut faire pour la France ce qu'il a fait pour sa ville. Il emploie un vocabulaire simple. Chacune de ses idées est parfaitement lisible.

Deux mois avant l'élection, dans un état de profonde panique, le parti socialiste l'exclut enfin, pour « trahison des valeurs de la gauche ». Une semaine plus tard, un tiers des membres du parti se désolidarisent de Lionel Jospin, qualifié, le pauvre, de caudillo rétrograde. Les sondages créditent maintenant le candidat socialiste officiel d'un peu moins de 15 % des intentions de vote.

Un comité de soutien au maire inconnu lance une puissante campagne médiatique. Un mois avant l'élection, l'élu sudiste talonne le président sortant avec 24 % des intentions de vote. Il lui reste encore 50 millions de francs et les contributions, le plus souvent modestes, affluent au quartier général de sa campagne.

Puis la stratégie de la droite explose quand des analystes découvrent que la moitié des électeurs du Front national sont décidés à voter pour le petit maire puisqu'il a lutté efficacement contre l'immigration clandestine et contre la corruption dans sa ville. Une semaine avant le premier tour, un grand journal parisien révèle que le petit maire n'a pas fait son service militaire. Il en convient bien volontiers.

Et puis c'est le coup de tonnerre. Six mois, six mois seulement après être sorti d'un anonymat complet, le petit maire arrive second, à 58 ans, au premier tour de l'élection présidentielle, juste derrière Jacques Chirac. C'est le moment que choisit François Léotard pour punir le président de lui avoir imposé Jean-Charles Marchiani comme préfet du Var quelques années auparavant. Il lui fait le coup de 1981 et ne donne aucune consigne de vote à ses troupes. Quinze jours plus tard, après une campagne tonitruante qui galvanise le pays, le petit maire est élu président de la République.

Impossible n'est pas français? Voire. Il reste à se demander ce qui est le plus invraisemblable dans ce scénario. Un maire du Sud parfaitement honnête? Un socialiste avec des idées authentiquement libérales? Ou tout simplement l'idée que les Français puissent encore s'enflammer pour un politicien, quel qu'il soit? En tout cas, un inconnu qui conquiert en six mois l'Elysée, voilà un fantasme stimulant, rafraîchissant!

C'est arrivé aux Américains en 1992. Un gouverneur sudiste pratiquement inconnu, Bill Clinton, se lançait dans la course à l'investiture démocrate sous les quolibets de ses camarades. En un an, il a franchi tous les obstacles électoraux avant d'entrer à la Maison-Blanche. Qu'il soit un grand président ou non est une autre affaire. Il aura assuré le renouvellement biologique des élites américaines.

Jacques Chirac aimerait beaucoup pouvoir en dire autant.

Rien n'est plus éprouvant, après huit années passées hors de France, que de retrouver les mêmes têtes un peu plus ridées, un peu plus tristes, un peu plus amères. Un Lionel Jospin encore plus « peuple », une Martine Aubry encore plus « concernée », un François Léotard encore plus « inquiet pour le pays ». Encore eux ?

Bien sûr, les chaises musicales électorales ont redistribué les rôles. Car ce sont bien des rôles. Plusieurs équipes d'acteurs jouent tour à tour l'éternelle pièce du pouvoir. Le pouvoir de ne rien faire, si on en juge par la désaffection des gens.

Où est-il écrit que nous ne pouvons respecter un homme qu'après l'avoir vu se débattre pendant trente ans, de petite trahison en mini-compromission, dans le microcosme parisien ? Pourquoi faudrait-il obligatoirement avoir été ministre pour être un bon président ? Le pays est-il à ce point sclérosé qu'il ne puisse pas emprunter d'autres chemins que ces sentiers rebattus depuis cinquante ans ?

La France a besoin à sa tête d'un découvreur d'idées et d'un entraîneur d'hommes. Il serait donc largement temps d'interdire à nos hauts fonctionnaires l'accès à la carrière politique. Or tous les ténors actuels sont d'anciens fonctionnaires. A quelques rares exceptions près, un fonctionnaire n'est pas un pionnier. Heureusement, d'ailleurs, pour la fonction publique. Il n'est pas non plus un entraîneur d'hommes, tout au plus un entraîneur de fonctionnaires, ce qui peut être utile dans un pays qui en compte plusieurs centaines de milliers, mais ne résoudra jamais le déficit de « peps » dont souffre l'Hexagone.

Jusqu'en 1980, les hommes politiques français étaient en majorité des hommes qui devaient leur pouvoir à leur comportement pendant la seconde guerre mondiale. Cette légitimité des armes et de la résistance au nazisme ne s'accompagnait pas toujours d'une grande compétence, mais elle la suppléait sans difficulté. C'étaient des hommes dont le tempérament avait été formé par un choc titanesque entre le bien et le mal, entre la vie et la mort, entre la liberté et la servitude. C'étaient des hommes et des femmes très différents les uns des autres, auxquels la guerre avaient toutefois offert une expérience commune qui transcendait leurs authentiques divergences politiques. Ces hommes ont presque tous disparu, au moins politiquement.

Les jeunes politiciens ont conservé le discours et le vocabulaire des anciens, mais ils les ont vidés de leur sens. L'outrance systématique est la règle. François Léotard renvoie dos à dos le Front populaire et le Front national. La gauche accuse le gouvernement

Juppé d'imiter les lois anti-juives du maréchal Pétain. Les insultes les plus folles sont échangées, dans l'indifférence générale d'un public qui se doute bien que les allégories sur la Seconde Guerre mondiale ont peu de chances de régler ses problèmes pratiques. Ils trouvent leurs hommes politiques suffisants, oui, mais pas nécessaires !

La génération actuelle ressemble à une pâle copie de ses anciens : ils sont sortis de l'Ecole nationale d'Administration et leur combat commun, c'est le grand oral. Leur combat titanesque, c'étaient les critères de Maastricht et la politique agricole commune. Des technocrates qui parlent et pensent tous de la même façon. Les Français ont fini par s'en apercevoir.

Le Pen prospère sur ce « ils sont tous pareils » désabusé. Une gauche qui a renoncé au marxisme face à une droite qui n'ose pas le libéralisme. Ce match en creux désespère l'Hexagone. On continue par habitude à parler de droite et de gauche, comme si cette dialectique sympathique nous rappelait le bon vieux temps. En réalité, la nouvelle configuration est autrement plus flasque : un centre-gauche mou, une droite RPR dirigiste et une extrême-droite en plein essor. Trois freins, en somme. Les forces vives capables de doper le pays, c'est-à-dire les entreprises, ont des raisons d'être inquiètes. Le désarroi éclatait clairement au mois d'avril 1997 quand *Le Monde* avait publié un sondage révélant qu'un tiers des Français n'attendaient rien de la droite, rien de la gauche et rien de l'alternance. Le superlatif du bof !

Si le scepticisme des électeurs inspirait de la modestie aux politiciens, ce serait déjà ça de gagné. Il n'en est rien : les gouvernants hexagonaux de 1997 sont toujours aussi arrogants. Ils n'ont pas bien compris, sans doute parce que personne ne le leur a expliqué, qu'ils sont au service des Français. Pas seulement au service de la France, cette idée superbe dont ils ont la bouche pleine. Au service des Français. De chaque Français. Le président de la République, le Premier ministre, les ministres sont employés et payés par les Français. Leurs regards hautains, leur vocabulaire de roitelet, montrent que cette idée chemine très lentement dans leurs circuits cérébraux.

Non seulement les hommes politiques sont toujours les mêmes, mais ils ont plusieurs casquettes qui les placent au milieu de conflits d'intérêts inextricables entre les principes de base de la démocratie, le sérieux de leur travail et le service de leurs électeurs. Le cumul des mandats permet à de nombreux ministres de rester présidents de Conseil général d'une région. Le grand écart est de rigueur. En tant que ministre, il préconisera l'assainissement des finances locales. En tant que président du Conseil général, il redoutera cette même opération mains propres. Dilemme épuisant. Ne rien faire devient une solution attirante pour les cumulards qui sont bien sûr très souvent absents.

Presque tous les députés cumulent et leur faible taux de présence à l'Assemblée en témoigne. Quant à Alain Juppé, fidèle à sa réputation de premier de la classe, il cumule naturellement plus que tous les autres. Avant les élections législatives d'avril 1997, il était – prenez votre respiration! – Premier ministre, maire de Bordeaux, président de la communauté urbaine, président du RPR. Comme si le métier de maire de Bordeaux n'était pas un emploi à plein temps! Ou bien était-ce la fonction de chef de gouvernement qui lui laissait beaucoup de temps libre? De cumul en cumul, l'asphyxie biologique du système empire. La France est-elle en train de pourrir par la tête?

C'est le choc des élites qui fait la vie d'une démocratie. Quand une élite unique squatte absolument tous les rouages importants de l'administration, ceux des grandes entreprises et ceux de la vie politique, la démocratie ahane car le pouvoir politique ne fait face à aucun mécanisme de contrôle crédible. Les forces anti-parlementaristes s'éveillent, réclament un coup de pied dans le cumul. Le mépris du Parlement est à la base de la philosophie politique de Jean-Marie Le Pen. Le cumul des mandats empêche les jeunes

espoirs de monter vers la lumière. Il façonne un
régime de clans dominés par des politiciens à vie,
comme en Corse, cette île dont on se moque tant à
Paris à cause de ses pratiques présumées d'un autre
âge.

L'ossification du monde politique, le jeu de vases
communicants entre la haute administration et les
partis politiques, le cumul des mandats, toutes ces
réalités ont fini par créer un blocage. Il n'y a pas
assez de renouvellement du personnel politique.
L'élection ne joue plus vraiment son rôle de régula-
teur démocratique. Alors pour s'injecter malgré tout
de la démocratie, l'Hexagone s'est inventé un Zorro.
Le « petit » juge a remplacé l'élection comme outil de
rejet des politiciens.

De nos jours, il n'y a guère qu'une mise en
examen qui puisse interrompre définitivement une
carrière politique. Les juges, croit-on, vont nettoyer
les écuries d'Augias. Grâce à l'écho conféré par les
journaux et la télévision, ils explosent au firmament
de la société française. Pour le meilleur ou pour le
pire, ils sont devenus un contre-pouvoir dans un
pays qui a soif de contre-pouvoirs. En tout cas, leur
philosophie du couperet s'intègre bien dans l'esthétique maximaliste qui est la nôtre en ces temps
d'animosité tous azimuths. Le juge Halphen face
aux époux Tibéri, c'est Patrick Dewaere dans *Le
Shérif*, Jean-Louis Trintignant dans *Z* de Costa-

Gavras. Un polar grandeur nature : le héros, petit mais armé de notre bon droit, face aux légions de cumulards supposés corrompus. Les juges nettoyeurs ont revêtu l'habit de lumière, sous l'œil envieux des journalistes.

INFO-RATION

« Bah, ça, tout le monde le sait! » Cette remarque
gonflée de condescendance excédée, on l'entend bien
souvent dans la bouche des Français « branchés ».
Gouailleuse, blasée, la formule en dit long sur l'ap-
pétit très relatif de nos compatriotes pour l'information. Est-ce pour cette raison que la maigre diffusion
des rares quotidiens nationaux continue de stagner,
quand elle ne baisse pas? Les deux plus grands quotidiens nationaux français d'intérêt général, *Le
Monde* et *Le Figaro*, ne dépassent pas, en tirage, le
premier quotidien de Finlande ou celui d'Israël, deux
pays environ dix fois moins peuplés que le nôtre.

Pourtant, avec la fin de la guerre froide, puis
l'émergence d'une Europe nouvelle et la mondialisa-
tion bouillonnante de l'économie, l'information est
plus nécessaire que jamais. Quand tout change, vite

et partout, la seule façon de ne pas être dépassé, c'est d'avoir accès à toujours plus d'information. A tous ces bouleversements, il est naturel qu'un vieux pays comme la France réponde par une crise d'identité profonde. Le tout est d'en sortir, et si possible par le haut. Pour gérer la crise existentielle et la transformer en opportunité, en tremplin, il faut un débat, c'est-à-dire une large circulation des idées. Si ce débat veut être autre chose qu'un bavardage dominé par les intellectuels et les politiciens télégéniques du moment, il doit s'appuyer sur un flux toujours plus dense d'informations accessibles à tous.

Il ne s'agit pas de noyer les gens sous un flot de nouvelles sensationnelles et approximatives, mais de leur servir une information correspondant à leurs besoins : exacte, lisible et soigneusement hiérarchisée. Il faut pour cela des médias et des journaux qui soient à la fois financièrement puissants, politiquement indépendants et entièrement consacrés à la production d'une information irréfutable et – cela va sans dire – utile. Ceux qui rassemblent ces trois qualités sont rares.

L'information ne rayonne pas assez. Elle existe, bien sûr, mais comme un bien rare et précieux dont il convient de faire monter le prix en le mettant en lieu sûr. Elle circule au sein de cercles très restreints qui savent que sa divulgation compromettrait leurs privilèges. L'information est exploitée comme une arme dans la lutte entre les castes, les grands corps, les ministères, les partis. Voilà ce que l'on pourrait appeler le management négatif : le potentiel d'inventivité et d'innovation des échelons subalternes est gelé par leur manque d'accès à l'information. L'information économique, financière, politique, n'est nulle part disponible sous une forme aisément exploitable par tous. La complication administrative constitue d'ailleurs une forme assez ordinaire, et très efficace, de rétention d'information.

Peut-on, par exemple, se procurer le détail des additions qui permettent d'évaluer à plus de 100 milliards de francs le trou, aussi colossal que mystérieux, du Crédit Lyonnais ? Les chiffres exacts sont-ils consignés quelque part ? Où ? Qui les possède aujourd'hui ? Le flou artistique qui entoure encore ce dossier reflète-t-il une véritable incapacité à retracer les bévues des dirigeants ou bien une volonté délibérée de mentir aux Français ? Si l'information financière circulait systématiquement, on pourrait le savoir.

L'ironie, c'est que l'information qui nous manque tant sur la France est parfois aisément disponible à l'étranger. Internet fournit un exemple édifiant à propos de nos sous-marins nucléaires. Il est vain de tenter de chercher des informations les concernant sur le site Internet du ministère de la Défense. En revanche, il suffit de se brancher sur le site anglo-saxon Center for Defense Information pour obtenir aussitôt les détails les plus intimes de leurs modes de propulsion et de leurs armements balistiques. Pourquoi le ministère de la Défense ne les rend-il pas publics ? Les Français n'ont-ils pas le droit de savoir ?

En France, l'information n'est pas autorisée à jouer son rôle de fluide vital de la démocratie. La société civile ne possède pas les moyens d'imposer que l'information descende jusqu'à elle. Ou plutôt elle ne se donne pas les moyens. Au bout d'un certain temps, l'absence d'offre provoque un tarissement de la demande. On s'habitue tant bien que mal à vivre sans information, mais le besoin reste là, comme un prurit dans le subconscient. Tout se passe pourtant en surface comme si les Hexagonaux préféraient ne pas savoir. Ils ne savent pas, donc ils sont perdus. Ils ne peuvent plus lire leur propre pays. Ils en sont aliénés. Ils s'en méfient.

Un Français avec une idée précise des plans anti-chômage pratiqués en Angleterre, en Italie et aux Etats-Unis, ne tolérerait jamais l'inanité du débat qui a lieu en France sur le chômage des jeunes. Un lecteur informé saurait repérer une fausse solution, dépister un projet infinançable. S'il connaissait avec exactitude l'équation financière des immigrés par rapport à la Sécurité sociale, il ne tomberait pas sous les charmes vénéneux d'un Le Pen. Et surtout, il se sentirait plus fort, plus autonome, plus valable. Il se sentirait respecté et il serait respecté. Le citoyen qui sait décide librement. Il cesse d'être un sujet pour devenir un acteur.

L'Hexagone a d'excellentes raisons de se faire du mouron. Avec ses millions de chômeurs, ses jeunes désespérés, ses cités à l'abandon, ses universités grisâtres et son Front national apoplectique, la France traverse une période peu réjouissante. La peur ambiante est justifiée. Malheureusement, faute d'un appareil moderne de production d'informations, les gens ne savent pas exactement de quoi ils ont peur. Ils n'identifient pas les véritables obstacles dressés entre eux et leur épanouissement. Leur peur se transforme donc vite en angoisse, en phobie. A ce stade, ils ne veulent plus être informés, mais rassurés. C'est l'heure des beaux parleurs sans scrupule, qu'ils s'appellent Tapie ou Le Pen.

Au lieu de les abreuver des renseignements et des données qui leur permettraient de reprendre en toute connaissance de cause leur équilibre et leurs esprits, les médias et la presse gavent les Hexagonaux d'opinions et d'éditoriaux qui leur disent pour qui ou contre qui il faut être, ce qu'il est bon de penser plutôt que ce qu'il est essentiel de savoir. Choisir son camp, même quand ce n'est absolument pas le problème, telle reste l'apothéose de l'esthétique intellectuelle à la française.

Faute d'un fossé assez profond entre l'information et l'opinion, la différence est floue dans l'esprit du lecteur ou du téléspectateur. De ce flou naît le peu de confiance qu'ils font aux journalistes. La starisation des faiseurs d'opinion joue de plus un mauvais tour aux journaux, ne serait-ce que sur le plan du marketing. Au bout d'un certain temps, l'opinion d'un éditorialiste est infiniment prévisible. Il a beau plaire à ses lecteurs, il n'en attire pas de nouveaux. Les découvertes d'un journaliste d'investigation, elles, peuvent créer l'événement, électriser les lecteurs et faire vendre. L'investigation rapporte de l'argent aux journaux qui la pratiquent.

La suprématie du jugement de valeur dévalorise le magnifique labeur de tâcheron que constitue la recherche, le tri et la divulgation de l'information. L'écart de salaire entre les éditorialistes et les journalistes d'investigation montre bien que cette dernière catégorie est moins respectée, alors qu'elle remplit une mission autrement plus cruciale pour la perpétuation du système démocratique. Si la donnée objective – le fait – n'est pas valorisée, pourquoi regarder la télévision, pourquoi lire les journaux ? Si on a déjà décidé que les Israéliens ou les Palestiniens ont raison dans le conflit de Jérusalem, pourquoi lire le détail de chaque mini-crise qui se déroule en Terre Sainte ? A chaque fois, on peut toujours dire : « Bof, c'est toujours la même chose. »

Outre cette « bofisation » de l'attitude du public, le rationnement de l'information déclenche une forme particulièrement pernicieuse de la méfiance : la paranoïa, c'est-à-dire la certitude infondée, non seulement que la vie est dure, mais qu'on veut nous gruger. Or l'Hexagonal, il le répète en toute occasion, ne veut pas se « faire avoir ». A tout prendre, il préfère s'enflammer pour un oui ou pour un non. L'émotion lui tient lieu de boussole et parfois de levier. A ses yeux, le plus ému a toujours raison. L'artiste a toujours raison.

La politique semble alors rythmée par des grossesses nerveuses politico-intellectuelles qui finissent par dérégler la pensée dans son ensemble. C'est la culture du faux problème, qui n'a pas fini d'émerveiller nos amis étrangers. Quand Jean-Louis Debré ministre de l'Intérieur, veut apporter, à tort ou à raison, son grain de sel aux certificats d'hébergement imposés aux étrangers il y a quinze ans par la gauche, les intellectuels descendent dans la rue comme un seul homme. Le débat, l'échange d'informations, est terminé avant même d'avoir commencé. Les anathèmes fusent, démesurément violents : « Racisme! », « Vichy! », « Nazis! » L'intellectuel hexagonal préfère le grand mot au mot juste. L'information, elle, s'y perd.

Aux Etats-Unis, la divulgation de l'information est considérée comme un multiplicateur de pouvoir. Dans l'immense mosaïque d'officines qui constituent l'Etat fédéral, l'information divulguée permet à la fois d'exister et de coiffer au poteau les officines concurrentes en termes d'influence et de budgets. Le flot d'information sert en quelque sorte à noyer l'ennemi. Le public en profite et compte les coups. Abreuvés d'informations jusqu'à plus soif, les journalistes tirent très bien leurs marrons du feu.

Les Hexagonaux, eux, ne font pas confiance aux journalistes. Dans un sondage effectué il y a quelques années sur leurs professions préférées, les personnes interrogées avaient placé en bons derniers les politiciens, les prostituées et les journalistes. La culture populaire a enregistré cette chute de popularité. Dans les bandes dessinées d'aujourd'hui, peu de reporters héroïques. Autrefois, pourtant, la BD en regorgeait. Tintin, Lefranc et Ric Hochet étaient des journalistes d'investigation.

Tant qu'il ne sera pas un contre-pouvoir authentique et perçu comme tel, le journaliste français affrontera le scepticisme de ses lecteurs. On ne lui fera pas confiance. En tout cas, on ne lui fera pas plus confiance qu'à, disons, un homme politique ou un haut fonctionnaire. C'est sans doute qu'on les voit trop souvent ensemble. Le pouvoir politique et les médias entretiennent des relations aux allures de collusion. Le seul fait que la présidence de la République choisisse elle-même les journalistes qui interrogeront le président traduit un rapport de force malsain.

François Mitterrand avait même été interviewé par les femmes de deux de ses ministres.

Dans les journaux de tous bords, l'interview est aussi un piège. La place accordée à une personnalité interrogée tend fâcheusement à être proportionnée non pas à la valeur des propos tenus, ce qui serait dans l'intérêt du lecteur-consommateur, mais au rang de la personnalité interrogée, ce qui n'est que dans son intérêt à elle. Si les journaux plaçaient la barre plus haut, il en résulterait à terme une réticence à émettre des banalités. Tout le monde en profiterait grandement.

Mais pour accroître leur indépendance, les journalistes ne peuvent compter que sur eux-mêmes car la société hexagonale leur joue un vilain tour du fait de l'une de ses plus savoureuses contradictions : les Hexagonaux ressentent le besoin de contre-pouvoirs, mais ils sont assez légitimistes pour ne pas pousser vraiment fort. Critiquer les journalistes pour leur manque de mordant, soit, mais pas question de les doter du pouvoir de mordre vraiment !

De contradiction en malentendu, de non-dit en tabou, il n'est pas aisé de faire coïncider le travail de la presse et les attentes de ses lecteurs. Du coup, un véritable fossé sépare les Français de l'image que leur renvoient leurs journaux. Ceux-ci ne reflètent ni leur méfiance croissante pour toutes les formes de pouvoir, ni leur désir de voir le bout du tunnel, de sortir de la crise, de quitter le cloaque d'insécurité où ils pataugent. Ce cocktail de ressentiment et d'espérance, d'exigence et de malaise, ne se retrouve pas assez dans la couverture quotidienne qui leur est proposée. Ils la boudent. Les oiseaux de mauvaise augure et les béni-oui-oui les insupportent autant les uns que les autres.

Les journaux ont aussi commis l'erreur de nouer avec leurs lecteurs une relation affective plus fondée sur l'habitude que sur l'exigence. A Washington, n'importe quel habitant, du Président des Etats-Unis au balayeur de Pennsylvania Avenue, achète le *Washington Post*, non pas parce qu'il l'aime, mais parce qu'il en a besoin pour fonctionner pendant la journée. Toutes les informations pratiques locales y sont et elles ne sont que là. Les informations générales, politiques et internationales, ne sont qu'une petite partie de cet ensemble, copieux sans être indigeste.

Le *Washington Post* est incontournable car il est exactement dans la vie. Il respire au même rythme que Washington et épouse étroitement les préoccupations de ses lecteurs. Ils y trouvent les adresses de toutes les soldes, de tous les supermarchés qui offrent des réductions. La plus petite manifestation y est annoncée. Il est en rapport permanent avec ses lecteurs. D'une certaine manière, il aspire à être leur émanation.

Les journaux français sont des divertissements, des récréations plus ou moins réussies, jamais des nécessités vitales. Ils sont au-dessus de la vie, superflus. Ils chuchotent dans l'oreille de leurs lecteurs ce qu'ils croient que ces derniers aiment entendre. Le conciliabule n'est pas l'information. Le vitriol ou la brosse à reluire non plus.

La tentation dangereuse, pour un journal, c'est de coller à la télévision dans l'espoir vain de récolter les miettes de son écrasante supériorité numérique et financière. Compte tenu de la concurrence de plus en plus féroce du petit écran, l'avenir offre deux grandes voies aux journaux nationaux : celle du tabloïd à ragots ou celle de la très grande qualité. Quitte à resserrer le lectorat autour d'un noyau dur homogène et séduisant pour les annonceurs publicitaires, la spécialisation très pointue semble rentable. *L'Equipe* le prouve tous les jours pour les amateurs de sport. Le *Financial Times,* dont le tirage est inférieur aux tirages des grands journaux français, a joué la carte de la référence financière absolue. Il est en pleine santé.

Le journal de grande qualité se construit avec des journalistes de haut niveau. A sa tête, il faut un général chef d'orchestre. Fabriquer systématiquement une information lisible demande de la discipline, de la rigueur. Un fait n'est pas une information. Il ne devient une information que lorsqu'il est replacé dans un contexte actuel et une perspective historique compréhensibles. De nombreux filtres améliorants sont nécessaires entre le journaliste et le lecteur. Tous les échelons rédactionnels compris entre le journaliste et le lecteur doivent être capables d'améliorer, de renforcer, d'étayer l'article initial. Ils doivent être sélectionnés en fonction de ce seul critère.

Pour faire un journal moderne compétitif sur la scène internationale, chaque journaliste doit être en moyenne au moins aussi instruit que les lecteurs que son journal se souhaite. Il est impossible de placer la barre moins haut. La complexité croissante du monde, l'interdépendance des évolutions économique, sociale, scientifique et politique, exigent de la part des journalistes une culture considérable, en plus de leur éventuel talent, de leur rigueur et de leur aptitude à l'investigation. Pour dénicher ces perles, il faut évidemment être prêt à les payer cher. Les journalistes français ne sont pas assez rémunérés.

Chaque journal doit compter des journalistes capables de tenir tête à n'importe quel responsable gouvernemental, de clouer le bec à un haut fonctionnaire expert d'un sujet aussi pointu que la Sécurité sociale, la politique agricole commune ou l'interruption des essais nucléaires français dans le Pacifique. Impossible de mettre la barre plus bas. Lors de la fameuse interview de Jacques Chirac par quatre stars de l'audiovisuel, un journaliste économique supposé madré s'est fait moucher par le président sur une question cruciale : la politique d'acquisition d'Air France. Les téléspectateurs n'ont pas oublié.

Les systèmes de promotion restent flous. Le talent, cette denrée sur laquelle il est difficile de s'entendre, reste le critère de prédilection malgré son caractère arbitraire. La technique journalistique passe au second plan. Or l'époque exige de la technique. Demain, les journaux appartiendront à des groupes possédant des radios, des chaînes de télévision câblées, et des sites sur Intenet. Un journaliste devra être capable de s'exprimer dans ces quatre langages. Précurseur, le *Chicago Tribune* est en train de construire une salle de rédaction révolutionnaire où les journalistes pourront remplir toutes ces fonctions en restant au même endroit. Les journalistes maîtrisant ces techniques deviendront précieux et rentables, à condition d'avoir été formés à temps.

A l'âge de l'information, le journaliste est un rouage essentiel de la société. Celle-ci devrait investir dans leur formation la crème de ses ressources humaines. Or elle investit pour eux, en formation initiale et en formation continue, beaucoup moins que pour un ingénieur ou pour un haut fonctionnaire. Le recrutement des journalistes n'est pas pris suffisamment au sérieux. Il reste artisanal. Les écoles de journalisme ne sont pas encore un passage obligé. Il manque un tronc commun à tous les journalistes.

Seule cette cohésion professionnelle et intellectuelle pourrait accroître leur poids social.

Sur le long terme, il existe un autre obstacle à surmonter pour faire apprécier l'information : le cerveau français. La formation intellectuelle reste très matheuse. Elle structure les esprits, les remplit de modèles de pensée prêts à servir et relativement rigides. Ce type d'échafaudage cérébral tend à se suffire à lui-même. Il n'est pas naturellement demandeur d'information. Descartes n'est pas un allié des journalistes.

LE HANDICAP DESCARTES

Au dos des magazines de cabine proposés par les compagnies aériennes américaines, on trouve souvent cette publicité : « Dans la vie, vous n'aurez pas ce que vous méritez, uniquement ce que vous négocierez. » Peu de formules résument aussi bien la souplesse anglo-saxonne. La victoire n'est pas affaire de raisonnement préfabriqué, mais d'opportunisme, de flexibilité et de persuasion.

En France, cette formule n'aurait pas le même succès, car elle fait, à notre goût, la part trop belle au hasard. La démarche n'est pas assez rationnelle. Pour nous, rien ne vaut une superbe construction intellectuelle étayée par une démonstration mathématique implacable. La beauté du raisonnement compense l'insuffisance éventuelle de ses résultats pratiques. Son élégance en fait oublier le coût. Notre esthétique fait fi des vils critères de la rentabilité. Quand on aime, on ne compte pas. C'est le principe de l'Opéra Bastille. Gavés de thèse-antithèse-synthèse depuis qu'ils sont enfants, les Hexagonaux sont des virtuoses de la logique formelle, des ayatollahs du CQFD. Il faut aller en Asie pour retrouver des pays où les mathématiques sont aussi célébrées.

Logique, le penser français est aussi séduisant par sa continuité. Il s'appuie sur des principes et des intérêts. Il est prévisible. L'Etat détermine une direction et toute son énorme machine se met en route dans cette direction. Voilà pourquoi on fait plus confiance à la France qu'à bien des pays de puissance comparable. Ces messieurs-je-sais-tout assomment la terre entière mais on sait aussi que le tête-à-queue voyou, ce n'est pas leur genre. Sur la scène internationale, cette mentalité débouche sur une insolence parfois réjouissante. Les Hexagonaux y sont tour à tour admirés, redoutés et raillés pour leur goût immodéré du combat de coqs. Ils se prennent très au sérieux, rumine-t-on dans les chancelleries, et parfois ça marche : on les prend au sérieux.

Au moins, on les écoute, ne serait-ce que pour connaître les dernières trouvailles de l'insurrection verbale parisienne contre l'« hégémonie » américaine. Pour Jacques Chirac, qui cherche sans cesse de nouveaux débouchés pour nos exportations, il y a là un marché en rapide expansion : depuis la disparition de l'URSS, la France détient quasiment le monopole de la fabrication de slogans anti-américains. Tous les brevets sont bons à prendre.

Quand ils ne sont pas exaspérés par le jeu français, les Américains leur tirent volontiers leur chapeau. Robert Zelnick, l'ancien bras droit du secrétaire d'Etat James Baker avait coutume de dire : « Dans les négociations internationales, les Français nous cassent souvent les pieds. Ils semblent croire que leur rang de sortie de l'ENA intéresse le monde entier. Mais il faut avouer une chose : de toutes les puissances moyennes avec lesquelles nous traitons, la France est la seule qui soit prête à aller au clash frontal avec nous. Cela modifie notre façon de négocier. Nous sommes plus prudents. »

Ce qui fait la force de la France dans les négociations politiques ou diplomatiques la dessert parfois quand il s'agit de résoudre des problèmes moins dignes à ses yeux. Le penser commercial hexagonal est moins développé que le penser politique. Peut-être parce que dans le commerce, les principes sont moins importants que la réactivité. Dans la négociation commerciale, la logique formelle peut jouer des tours pendables. Le Français éprouve, culturellement, des difficultés à accepter l'idée, par exemple, que deux conclusions opposées puissent être vraies en même temps. On ne lui a pas appris que la vérité est multiple. Gorgé de mathématiques, il croit qu'une démonstration valide mène inéluctablement à une vérité unique. L'esprit français désarçonne. Il subjugue par son organisation, mais il déçoit par sa crispation.

Dans une négociation, les Français se battent pour imposer un point de vue façonné intellectuellement à l'avance. Ils sont conscients d'avoir intégré toutes les variables dans leurs équations. Ils sont sereins. Avant même de commencer à négocier, ils ont gagné, car la beauté du modèle est déjà une victoire, celle de la raison. Malheureusement, l'impondérable, le « je ne sais quoi » d'imprévu qui surgit entre les interlocuteurs, toutes les choses que l'on a oubliées, toutes celles dont on ne soupçonne même pas l'existence, ne se plient pas facilement à nos modèles prisons.

La raison seule ne permet pas de conquérir une part de marché. Il faut pouvoir profiter de l'opportunité au moment précis où elle se présente, ne pas rater les cibles mouvantes. Le profil requis est celui du prédateur solitaire. Pour vendre, il faut retrousser ses manches, se salir les mains, être brutal. Il n'y a pas si longtemps, telle célèbre compagnie française fabriquant des turbines d'hélicoptères possédait des laboratoires remarquables, une usine ultramoderne mais pas le moindre service commercial. On avait pris l'habitude, dans cette bonne maison, que le monde entier vienne chercher les turbines, un peu chères, mais si performantes. Cette époque est révolue parce que les nouveaux pays industrialisés sont prêts à tout pour grignoter nos parts de marché.

Trop domestiquées par le penser logique et la sur-réglementation, nos PME n'ont pas appris à chasser et la jungle internationale leur paraît bien périlleuse. Surtout que le Franc fort, un des avatars de notre système intellectuel, leur a confisqué des armes essentielles en imposant des taux d'intérêts trop élevés qui les empêchent d'investir. Du coup, l'Etat-poule doit parfois voler au secours de nos PME, proies faciles pour les rôdeurs ultralibéraux. Ce serait d'ailleurs le moment de créer une Ecole nationale d'Exportation financée par des capitaux privés! Qui sait? L'ENE nous guérirait peut-être de l'ENA.

Les Anglais sont des chasseurs nés. Quand ils négocient pour vendre, ils se battent uniquement pour gagner. Seul compte le triomphe des intérêts britanniques. Ils n'imposent pas leur pensée, uniquement leur victoire. Pour y parvenir, ils sont prêts à emprunter des chemins détournés. Ils n'exigent pas de grandes allées à la française. Habitué à se méfier des principes trop généraux, formé à ne se mouiller qu'en cas de nécessité impérieuse, l'Anglais est mieux équipé pour s'adapter, un temps, aux logiques adverses. Il ne souffre pas du handicap Descartes.

Chaque époque demande, il est vrai, des qualités différentes. Il arrive que sa rationalité rende à la

France des services exceptionnels. Quand il avait fallu reconstruire un pays ravagé par la seconde guerre mondiale, elle était indispensable. En un mot, quand il s'agit d'aller vite et droit devant, elle sert d'accélérateur. Les problèmes commencent quand on veut tourner. Le handicap Descartes bloque le gouvernail. Avec le risque de foncer dans le mur. Dans ce cas-là, klaxonner d'un air hautain ne change rien à l'affaire.

Pour renoncer à un dogme d'Etat sur la monnaie, démanteler un système socio-économique devenu obsolète, régénérer une classe politique fossilisée, et ceci sans déclencher une révolution, pour réformer en un mot, il faut avoir le courage d'être modeste et souple. Pas très français, ce courage-là! Pas assez flamboyant. L'Hexagonal, et en particulier le haut fonctionnaire, est volontiers arrogant, vite cassant : plutôt rompre que plier, estime ce roseau trop pensant qui s'écoute parler avec délectation. Dans un monde en évolution constante, c'est la fluidité des réactions qui compte. La brillante planification de long terme a beau passionner les universitaires, elle n'est d'aucune utilité. Elle risque d'être caduque avant même d'être achevée.

Le virage en douceur est difficile pour le Français car il est soumis à la fois à deux freins : le rationalisme intellectuel et le centralisme de l'Etat. Une réforme ne passe, donc, que si elle est souterraine. Pour s'en convaincre, il suffit de suivre le psychodrame qui se joue à feu continu sur la notion de flexibilité du travail. La gauche explique que la flexibilité, c'est la précarité, le péché social absolu. La droite se méfie. Le président Chirac reconnaît qu'il « n'aime pas le mot ». Bavardages ! Dans la réalité, la flexibilité du travail existe en France depuis longtemps, sous différents noms de code : stages, CDD, prestation de consultants. Le libéralisme masqué a de beaux jours devant lui par chez nous.

En politique, la flexibilité n'est pas non plus à l'honneur. Est-il imaginable que Lionel Jospin épouse un jour un projet de privatisation partielle de l'Education nationale ? C'est improbable. Nul, il est vrai, ne songerait en France à saluer le « pragmatisme » d'un tel geste. Il serait tout simplement conspué comme un traître, dans son camp, et raillé comme un lunatique dans l'autre. Les grands principes, l'idéologie, jouent en France un rôle capital. Jacques Chirac a souvent été qualifié de girouette, y compris au sein de sa famille politique, mais il s'agissait de revirements tactiques. Ses options de base sont les mêmes depuis quarante ans.

La mentalité britannique se prête plus calmement aux évolutions. Il y a quinze ans, la Grande-Bretagne se trouvait dans une situation comparable à celle que

connaît la France aujourd'hui. Il fallait sortir de l'or-
nière. Les Anglais ont décidé de changer. Sous les
quolibets des Français, ils ont dévalué. L'amère
potion magique a apporté des bienfaits. Il y a quinze
ans, on allait à Londres pour faire ses courses à bon
marché. En 1997, la Grande-Bretagne connaît une
expansion qui saute aux yeux dès que l'on quitte
l'Eurostar. Et les Anglais achètent des maisons en
France à tour de bras. Du coup, sur ce rivage de la
Manche, le sarcasme s'est fait plus rare.

Le virage tactique sans états d'âme est aussi une spé-
cialité américaine. Aux Etats-Unis, il est courant de
voir un président signer une loi qu'il avait vigoureusement combattue dans le passé, en arguant que les
nouveaux rapports de force en présence ne lui lais-
sent pas d'autre choix. S'il peut prouver qu'une obs-
truction n'aurait rien apporté de mieux, nul n'ira lui
reprocher sa décision.

Le modèle américain ne repose pas sur la centra-
lisation du pouvoir. Il s'appuie sur le choc des pouvoirs et sur l'affrontement des pensées. De grandes
réformes sont donc possibles. Quand Roosevelt avait
voulu dans les années trente révolutionner la Sécurité
sociale pour lutter contre la Grande Dépression, il
avait eu les moyens institutionnels de le faire. Depuis
1994, pour faire des économies et baisser les impôts,
les républicains américains ont décidé de démanteler

une partie de l'appareil social rooseveltien. Ils ont lancé cette réforme historique sans que le pays descende dans la rue.

C'est la grande force d'un système au sein duquel coexistent plusieurs niveaux de lutte de pouvoir. L'opposition entre républicains et démocrates correspond à une sorte de face-à-face droite gauche. Le bras de fer entre la Maison-Blanche et le Congrès décide, lui, des projets qui seront financés et de ceux qui resteront lettre morte. Enfin, la circulation des responsabilités entre le pouvoir fédéral et les Etats fédérés introduit une souplesse supplémentaire. Ces trois « débats » permettent au système de mieux respirer. L'ambition et toutes les volontés de création peuvent emprunter une infinité de voies pour triompher.

La France est plus petite, bien sûr, mais elle est surtout moins ventilée. Il n'y a toujours qu'un centre, Paris, et hors de lui, point de salut. Le système a la force d'une pyramide avec l'Etat au sommet. Pour grimper, il y a des règles. Peu de chemins de traverse. Le sentier est bien indiqué. Il est déconseillé d'en sortir.

L'AMBITION INTERDITE

Il était une fois une famille vietnamienne qui avait pignon sur rue à Saïgon, la capitale du Sud-Vietnam. Les frères, tous parfaitement francophones, étaient médecins, avocats ou professeurs. A la fin des années soixante, lassés par la guerre, ils décident de partir. Certains frères choisissent la France. D'autres frères, les originaux de la famille, font le pari de l'Amérique.

Trente ans après, on peut comparer le sort des frères de France et celui des frères d'Amérique. Les premiers habitent une HLM grisâtre de la banlieue de Nice. Ils exercent un métier, mais ils n'ont jamais réussi à percer, en tout cas pas dans le secteur d'activité qui était le leur au Vietnam, et certainement pas au même niveau de revenus.

Les frères installés aux Etats-Unis se sont retrouvés au Texas. Ils ont monté de petits restaurants viet-

namiens. Ils ont gagné de l'argent. Leurs affaires ont
si bien marché qu'ils ont étendu leur parc de restaurants à la région de Houston. A l'été 1996, ils ont
ouvert un hôtel ultra-chic à Houston. Selon leurs
frères de France, le dernier fleuron des Texans réalise
des profits de presque 10 000 dollars par jour.

Pour réussir aux Etats-Unis, il suffit d'avoir de
bonnes idées et de travailler. Les frères texans se sont
mis au travail, dans un environnement qui s'y prêtait.
Le Texas abrite de très nombreux Asiatiques et la
communauté vietnamienne y jouit d'une large autonomie, comme toutes les autres communautés ethniques aux Etats-Unis. L'intégration est partielle mais
la souplesse de la société américaine lui permet de
s'en accommoder fort bien. Les blessures de la guerre
du Vietnam saignent toujours, mais cette structura-
tion de la société en communautés juxtaposées
permet d'éviter les frictions trop graves. De même le
racisme qui sévit aux Etats-Unis est dilué par ce système.

Les frères de France étaient prêts à travailler
autant, naturellement. Ils avaient la même ambition
chevillée au corps, cette ambition de se prouver à soi-
même qu'on a surmonté le traumatisme de l'exil,
qu'on peut reconstruire ailleurs. Mais là n'était pas la
question. En France, ce qu'ils faisaient n'était pas
d'une importance primordiale. En revanche, ce qu'ils

étaient comptait beaucoup. La France veut intégrer tous les étrangers qui vivent sur son sol, ce qui part d'un louable sentiment. Mais cet objectif exige de terribles efforts de la part des nouveaux arrivants lorsqu'ils ne sont pas d'origine européenne. En voulant absorber à tout prix chacun dans le moule national, elle fait ressortir d'autant plus les particularismes ethniques. Elle absorbe ou elle isole. Les frères de France auraient voulu se retrousser les manches. Mais ils étaient des étrangers en provenance d'une ancienne colonie où une longue guerre avait coûté la vie à des dizaines de milliers de soldats français. Ils n'ont jamais eu accès aux cercles qui leur auraient permis de nouer les relations indispensables à une ascension sociale et professionnelle.

Dans l'Hexagone, il faut montrer patte blanche pour grimper, avoir le bon âge, avoir fait la bonne école. Il n'y a pas beaucoup de place pour les originaux. La circulation du pouvoir au sein de la société obéit à d'innombrables règles bien difficiles à percevoir pour l'étranger. L'ambition brute se fracasse aisément sur le carcan des usages. Elle n'est acceptée que sous une forme édulcorée, canalisée.

Au cours de la vie professionnelle, la progression est soigneusement balisée. On raconte souvent l'histoire édifiante de cet ancien élève de l'école des Ponts qui s'était exilé au Texas pour dépasser son terrible handicap : il n'était pas polytechnicien. Le malheureux savait donc que sa carrière plafonnerait à l'âge de 40 ans s'il restait. Ses supérieurs, polytechniciens eux, le lui avaient fait comprendre à l'aide de l'un de ces longs non-dits qui font le charme de notre bon vieux pays. L'ingénieur pouvait bien travailler vingt heures par jour, faire exploser les profits de la compagnie, jamais il ne disposerait d'une responsabilité permettant de pouvoir revendiquer ces succès, jamais il n'occuperait un des dix meilleurs postes de la maison. Son alternative était simple : jouer à vie les seconds rôles ou partir. Le bon profil, ou l'exil. Cet ingénieur est parti et la société américaine qui l'a recueilli s'en félicite au point de songer à le nommer à un poste de direction centrale, malgré sa nationalité française.

On trouve toujours plus frustré que soi. Un polytechnicien choisissant après son école de faire l'Ecole des mines sera outrageusement snobé par ses camarades du Corps des mines, une petite élite très contente d'elle dont les membres trônent sur l'industrie française parce qu'ils sont sortis de Polytechnique à l'âge de 22 ans, entre la première et la dixième places. A quoi tiennent les choses! Toute notre aristocratie scolaire fonctionne ainsi. Un énarque sortant de son école dans le Corps du Trésor pourra bien intégrer cette auguste institution. Il n'en sera jamais le directeur parce qu'il n'est pas issu de l'Inspection des finances.

On pourrait multiplier à l'infini la liste des petites mesquineries que le système impose aux individus pendant toute leur vie, pour une bonne ou une mauvaise note obtenue à l'âge de 25 ans. Cette loi régit le secteur public, mais aussi une large portion du secteur privé où polytechniciens et énarques tissent également leurs toiles.

Pour brider les ambitions individuelles, le modèle français sait être inventif. « Oh, celle-ci, elle est bien sûre d'elle », entendra-t-on d'une jeune femme un peu trop remuante. La France est sans doute le seul pays au monde où cette phrase sonne comme un reproche, et à l'occasion comme un verdict. En 1997, apparemment, il ne fait pas bon être sûr de soi. Le chômage a figé le monde du travail et installé une mentalité de guerre de tranchées chez les salariés. Le seul fait de posséder un emploi est une chance fragile qui se mérite par la docilité. Il faut avant tout durer. Pas de vagues ! Agir, proposer, améliorer, ces notions sont devenues incongrues, déplacées, suspectes même. Il n'y a plus de promotions, plus d'augmentations. L'heure est au bivouac professionnel. Couleur recommandée : gris sombre. Les gens trop actifs menacent le calme inquiet qui règne. Quelles catastrophes vont apporter ces excités ?

Dans un pays doué de ressort, une crise a naturellement tendance à propulser les esprits novateurs vers les postes à responsabilité. Fouettée par l'urgence du danger, la société passe en mode turbo, et confie le volant à des hommes d'action. Dans ces années de dépression psychologique, il n'est pas difficile de deviner quels types de personnalités prospèrent. C'est l'heure des experts du sur-place, qui organisent avec enthousiasme le grand nivellement par le mou. Les amateurs de compromissions, les as de la reculade prennent leur envol dans le crépuscule blême que l'imaginaire national fait descendre sur le pays. Au moment où il faudrait des meneurs audacieux, les caporaux veules envahissent le paysage.

La crise française est d'un genre particulier. Elle est plus un rétrécissement mental qu'un appauvrissement économique. Elle ne dope pas ses victmes. Elle les anesthésie. Alors pourquoi se chercher un chef ? Prenons plutôt un psychanalyste. La France est d'ailleurs, avec l'Argentine, le pays le plus « psy » au monde. Dans une société en bon état de fonctionnement, la devise porteuse est : « J'agis, donc je progresse. » Elle semble avoir cédé la place à une autre : « Puisque je vais régresser, mieux vaut rester assis. » Pas étonnant que les salles d'attente des psychanalystes ne désemplissent pas. Les Hexagonaux se demandent tout simplement à quoi ils servent. Collectivement, ils n'ont pas d'ambition.

Le modèle américain repose, lui, sur le couple consommation-ambition. Les énergies individuelles s'expriment sans limites et l'objectif est la possession de biens matériels. Le modèle français, lui, se définit plutôt par un mélange d'individualisme et d'égalitarisme. Le second est chargé de compenser les excès présumés du premier. L'absence d'un sentiment collectif naturel est compensé autoritairement par l'imposition du dogme égalitaire. Il n'est pas toujours respecté, bien sûr, mais il est brandi avec insistance, comme un slogan.

La méfiance que suscite en France l'ambition individuelle débridée, on la retrouve dans le discours des hommes politiques à propos de l'entreprise. Le vocabulaire utilisé a tendance à refléter, pour le moins, une certaine circonspection. Il est de bon ton de rendre les entreprises responsables des grands maux économiques du temps. L'Etat a laissé se développer un chômage massif par des politiques économiques et sociales au-dessus de ses moyens, mais il ne rate jamais une occasion d'en faire le reproche aux entreprises. Avec plus de 3 millions de chômeurs et un service public qui ne peut pas recruter de nouveaux fonctionnaires, il semblerait logique, pourtant, de déployer le tapis rouge sous les pieds des entrepreneurs, de leur faciliter la tâche, de les libérer des contraintes administratives.

Issu de la fonction publique, l'homme politique français ignore souvent tout de l'entreprise. Quand Alain Juppé déclare d'un trait que Thomson multimédia ne vaut plus rien, il énonce une vérité financière, commet une bourde politique et montre surtout qu'il ne ressent rien à l'égard des entreprises, rien à l'égard des salariés. Ils appartiennent à un autre monde, à une autre France, qu'il veut bien administrer mais qu'il ne tient pas à connaître. Cette méconnaissance ne désarme pas tout le monde. Jean-Claude Trichet, le gouverneur de la Banque de France, se plaignait l'année dernière que les jeunes Français ne soient pas assez nombreux à suivre les traces de Bill Gates. De la part d'un homme qui a toujours été solidaire des règlements qui étouffent les Bill Gates, il fallait oser. Il y a bien longtemps que les Bill Gates français, asphyxiés par les réglementations trichetistes, ont quitté la France pour l'Angleterre ou la Californie.

La défiance à l'égard de l'entreprise se retrouve à tous les niveaux, y compris au plus haut. Le président de la république déclare parfois que les chefs d'entreprises ne sont pas assez « citoyens ». Comprenez : ils n'assument pas leur part de responsabilité nationale dans la lutte contre le chômage. En revanche, rares sont les hommes politiques qui osent énoncer clairement leur goût du profit et des bénéfices.

Il n'est pas encore politiquement correct d'encenser le profit. Après des années passées aux Etats-Unis, un certain ton français choque. Le mot homme d'affaires est prononçé presque avec la même condescendance que celui de représentant de commerce, alors que dans le monde anglo-saxon, le *business man* international est traité avec le respect dû à un diplomate de la vie économique. D'où vient cette réticence des hommes politiques à saluer l'esprit d'entreprise? Pourquoi l'Etat s'arroge-t-il le droit de donner des leçons aux entreprises, comme si elles étaient incapables de se définir elles-mêmes une morale sociale?

L'explication s'appelle peut-être Bernard Tapie. Pendant dix ans, l'homme d'affaires a été présenté aux Français comme le modèle de l'entrepreneur. Ce n'était qu'un bateleur de génie et un escroc de haut vol. Il est en prison. Depuis, les mises en examen de chefs d'entreprise indélicats se sont multipliées. Dans l'opinion déjà traumatisée par l'incroyable chute de Bernard Tapie, les patrons sont devenus des symboles d'abus de biens sociaux.

Le climat français est tellement troublé qu'il interdit de se faire une opinion fiable du pays. Pour observer le potentiel des Français sans le prisme autodéformant du microcosme, il est parfois nécessaire de quitter le pays. Les Français ambitieux qui n'ont pas envie de se plier aux usages de la Cour prennent le large. Puisqu'il ne les comprend pas, le système ne les retient pas non plus. On les rencontre partout dans le monde.

Ceci explique peut-être pourquoi la France semble avoir bien meilleure réputation à l'étranger que dans l'Hexagone. Tout le monde connaît les *french doctors*, ces jeunes médecins des deux sexes qui vont soigner les blessés dans toutes les guerres de la planète. Ils constituent aujourd'hui une facette essentielle de l'image internationale de la France. De manière générale, nos aventuriers sont fameux partout. Alain Robert, ce jeune alpiniste qui escalade les plus grands monuments d'Asie, est français. Ces doux dingues qui marchent jusqu'au pôle Nord sans chiens sont français. Ce Meudonnais qui voulait traverser le détroit de Béring à pied est aujourd'hui célèbre dans tout l'Alaska. Sans oublier les marins de légende, les skieurs de l'impossible. Les Français font d'assez bons héros quand on les laisse faire.

Ils font aussi d'assez bons bâtisseurs. Les investisseurs californiens de la Silicon Valley ont appris à apprécier les projets des informaticiens français. Ces projets de haute technologie nécessitent des investissements souvent considérables. Là-bas, on n'endette pas celui qui a une bonne idée en lui octroyant un prêt bancaire. On lui offre du « capital risque » (le terme américain *joint venture* ne comporte pas le mot risque !), c'est-à-dire qu'on prend une participation dans son projet. Non seulement l'ingénieur n'est pas fragilisé financièrement, mais l'investisseur lui apporte une expertise de gestion. Voilà comment fonctionne un système qui se met au service des entreprises, au lieu d'être sur leur dos.

L'ambition, ça s'entretient. Pour la cultiver, les mots jouent un rôle majeur. Il y a un vocabulaire de la stimulation et un vocabulaire du recroquevillement. Les Américains sont souvent présentés comme de grands enfants parce qu'ils poussent très loin l'optimisme verbal : « Nous avons la meilleure armée du monde », « Nous fabriquons les meilleurs avions du monde », « Notre maïs est le meilleur du monde. » Pour doper ses électeurs, le président des Etats-Unis n'hésite jamais à se rapprocher dangereusement des limites de la vraisemblance. A l'entendre, les Américains seraient des surhommes nimbés d'une lueur mythique, capables d'atteindre en tout à la perfection.

Devant ces dithyrambes prononcés généralement d'une voix tremblante d'émotion, le Français a du mal à se retenir de rire. Quelle mouche a donc piqué Bill Clinton ? A-t-il oublié les fiascos de ses troupes en Afrique, le désastre de son système éducatif, la misère de ses bidonvilles, la violence qui ravage ses villes ? A-t-il, surtout, perdu le sens du ridicule ? Sa fanfaronnade délirante, c'est bon pour le jardin d'enfants ! Attention. C'est un des pièges que l'Amérique recèle pour les sceptiques du Vieux Monde. Même si le propos est infantile, le fait qu'il soit pris très au sérieux par 250 millions d'Américains lui confère une incontournable puissance. Le code lyrique de Bill Clinton s'aligne tout simplement sur une des plus fortes valeurs nationales : gagner.

En France, passé l'âge des sacro-saints examens, la victoire n'est plus une valeur prioritaire. Car il faut d'entrée mentionner une exception de taille à cette règle : les concours scolaires où la volonté de réussite a le droit de se déployer à pleine puissance. Dans peu de pays, la compétition pour les diplômes prend une tournure aussi farouche que dans l'Hexagone. Mais en l'occurrence, la victoire recherchée relève plus de la volonté d'être quelqu'un que de celle de faire quelque chose. Le diplôme est perçu comme une carte d'adhésion permanente dans un club, une assurance à vie.

Pour le reste, les Hexagonaux donnent l'impression d'entretenir des relations circonspectes, méfiantes, avec la compétition. Le vocabulaire des commentateurs sportifs permet de s'en faire une idée. Ecoutons les expressions courantes : « Faites de votre mieux, les gars », « On fera mieux la prochaine fois », « Tant pis, on s'est bien battus », « Il fait preuve de beaucoup de courage. » Comme si l'important, c'était de participer! Là où l'Américain est habité tout entier par l'obsession d'être le *number One*, le *top* du *top*, le sportif français ne prend qu'un plaisir relatif à gagner. L'homme le plus populaire du sport hexagonal, c'est Poulidor, l'éternel second. La victoire pour la victoire, non. Trop terre-à-terre, sans doute.

Les sportifs français sont capables de remporter de grandes victoires dans presque tous les sports, mais il n'existe pas une mythologie du vainqueur. L'élégance, c'est d'avoir le « triomphe modeste ». L'égalitarisme ambiant ne rogne pas vraiment les ailes, mais il ne force pas à voler toujours plus haut. A la limite, la persévérance sera plus valorisée que la victoire.

En politique, le phénomène se retrouve. Convaincus de l'inutilité qu'il y aurait à attendre fébrilement qu'advienne un nouveau général de Gaulle, les Hexagonaux préfèrent compter sur le temps et l'usure. « Normal, c'est son tour » résume assez bien les sentiments lors des élections présidentielles. Mitterrand avait attendu trente ans. C'était son tour. Chirac avait piaffé trente ans. C'était son tour. On ne donne la victoire qu'à celui dont on connaît très bien les qualités et les défauts. Le coup de dé, le coup de foudre, ce n'est pas le genre de la Maison France. Que passent les années! Seules les rides ont raison. Les jeunes n'ont qu'à bien se tenir.

L'ORATEUR A 5 ANS

« Voilà. J'ai fini. » Jack Firestone jette un regard à droite, un regard à gauche : « Des remarques ? Des questions ? » Un doigt se lève. Il y a une question au fond : « Est-ce qu'on peut régler le klaxon ? » Non, sur ce modèle, le klaxon n'est pas réglable. Deux nouveaux doigts se lèvent à gauche. Jack en sélectionne un : « Julian ? » Julian veut apporter une précision sur son propre camion de pompier, qui possède une double échelle télescopique. L'orateur écoute sans s'énerver, sans prendre ombrage de ces infimes provocations. Un vieux briscard de la conférence ne se laisse pas déstabiliser pour si peu. Ses camarades assis en cercle autour de lui n'ont plus rien à dire. La prestation de Jack s'est bien passée. Il se rassied. Il a 5 ans.

A l'école publique de ce quartier de Washington, c'est l'heure du *sharing time*, le temps de partage. Il avait deux minutes pour dire, debout au milieu de ses camarades, ce qui lui tenait à cœur ce jour-là. Après mûre réflexion, il avait choisi de vanter les mérites de son nouveau camion télécommandé de pompier. Pour Jack Firestone, quel que soit le nombre de personnes présentes, prendre la parole devant elles ne l'inquiète pas plus que respirer en public. Ses copains se livrent à un travail tout aussi important : écouter avec assez d'attention pour pouvoir poser ensuite des questions pertinentes.

Tous les jours, c'est le même rituel. Deux ou trois élèves font tour à tour un exposé. Parfois, l'institutrice corse le jeu en interdisant de parler d'un jouet ou d'un dessin animé. Dans ce cas, on raconte un match de basket. Les élèves de toutes les écoles américaines se livrent à cet exercice une fois par semaine et ne ressentent vite plus aucun stress. Savoir parler, prendre le temps d'écouter. Il y a une petite trentaine de siècles, on ne procédait pas très différemment avec les gamins d'Athènes. C'est l'école de l'expression orale : vaincre sa timidité devant le groupe. Les Américains apprennent cela très tôt, et c'est pour la vie. Ce bavardage essentiel, c'est l'idée qu'ils se font de la culture générale.

A 7 ans, l'enfant doit être capable de faire un *book report*, c'est-à-dire de présenter, debout devant la classe, un livre qu'il a lu, de le résumer et de dire ce qui lui a plu ou déplu, et pourquoi. L'instituteur va lui enseigner très tôt la démocratie directe. L'enfant apprend que le maître a son point de vue mais le maître l'oblige à en avoir un lui aussi, et à l'exprimer.

L'apprentissage poussé de l'oral façonne la personnalité des Américains bien plus que n'importe quelle autre discipline. L'assurance, une voix forte, leur sont ensuite naturels et ces traits leur causent bien des déboires quand ils voyagent à l'étranger. Peu de pays partagent en effet leur goût du rire tonitruant et des confidences très sonores. Mais l'aisance à parler en public confère une autonomie et un équilibre qu'il est impossible de ne pas remarquer. Dans une réunion électorale, un petit agriculteur de l'Iowa n'hésite pas à apostropher longuement le président des Etats-Unis en exposant en détail les caractéristiques de son exploitation et les difficultés qu'elle rencontre. Il pose trois questions précises au président. Bill Clinton écoute patiemment at attend qu'il ait terminé. On n'interrompt pas quelqu'un qui parle. Trangressez cette règle, et vous serez considéré comme un asocial.

Ce mode de communication est l'essence même de la vie collective américaine. C'est lui qui alimente le prodigieux échange d'informations dont les Etats-Unis sont en permanence le théâtre. C'est aussi lui qui interdit d'avoir avec un Américain ou une Américaine l'une de ces conversations animées et piquantes qui font le charme de la société française.

La préférence que les Américains accordent à l'oral n'est pas le fait d'un caprice ou du hasard. La parole est le seul moyen de mettre en relation des hommes et des femmes que tous les autres modes de communication séparent. Quand un jeune Khirgize fraîchement arrivé croise un Cambodgien dans son école, la parole est leur seul point commun possible. S'ils surmontent leurs accents respectifs, ils seront compatriotes. L'école est faite pour cela.

Les petits Français apprennent très tôt le tête-à-tête et la palette des mille manières de le conduire, mais on ne leur apprend pas à s'exprimer en public. Les adultes français ne savent donc pas prendre calmement la parole devant des inconnus. L'émotion se saisit d'eux aussitôt. Ils ne trouvent plus leurs mots. Il est certain que cette faiblesse explique une bonne part du stress qui se dégage de la moindre interaction entre plusieurs Français. Dans les affaires, l'oral départage parfois. Chacun dans sa langue, un ouvrier américain pris au hasard s'exprime en général mieux en public qu'un ingénieur français même de haut niveau.

On n'apprend pas grand-chose dans les écoles primaires ou secondaires aux Etats-Unis, bien moins qu'en France au même âge. Mais si les têtes sont un peu vides, elle apprennent certaines choses primordiales. Aux jeunes écoliers, point de cours magistral sur Nixon ou Clinton. Sur Washington et Jefferson tout au plus. Pas plus de cours de géographie. La classe, pour les enfants, c'est de se regarder les uns les autres. Ils apprennent sur le tas les règles de la vie sociale. C'est plus un entraînement qu'une éducation.

On leur explique que l'Amérique n'a que 200 ans, qu'elle est une chance pour eux et que cette bonne fortune n'est pas garantie pour toujours. Il convient d'y travailler activement. Le pays ne traverse pas une crise d'identité, mais il est assurément en continuelle recherche d'identité. Celle-ci commence à l'école, quand les gamins, Noirs, Blancs et Jaunes, parlant rarement la même langue au départ, tentent de découvrir ce qu'ils ont en commun.

Cette découverte est faite dans la gaieté. Les écoliers américains s'amusent. Ils apprennent à être à l'aise. La classe est un jeu. De manière générale, aux Etats-Unis, tout doit se présenter de manière attrayante, y compris l'enseignement, qu'il soit privé ou public. Un instituteur efficace, c'est un instituteur qui plaît aux enfants. S'il déplaît, il est remplacé.

Les gamins auront bien le temps d'apprendre plus tard que la vie est dure. Pour l'instant, ils se gavent du bon côté de l'existence. Leur esprit n'est pas formé, pas déformé non plus. Il flotte. Au moment de l'adolescence, le réveil est souvent rude, le rétablissement douloureux. Mais le pari est plutôt rentable. La suprématie mondiale des universités américaines prouve que cette « école du bonheur » fonctionne au moins aussi bien que les recettes plus autoritaires du Vieux Monde.

En France, les enfants sont moins « chiens échappés ». Ils sont plus domestiqués, mieux habillés, et pas seulement le dimanche. Ils ne portent pas que des survêtements et des tee-shirts sans forme. Ils sont « bien élevés », disent bonjour en entrant, ne se ruent pas immédiatement sur votre frigidaire pour se servir, ne vous coupent pas la parole sous prétexte qu'ils n'aiment pas attendre. A table, ils avalent ce qu'ils ont dans leur assiette et ne se lèvent pas pour aller chercher le dessert s'ils n'aiment pas l'entrée. On ne sait pas tout de suite s'ils agissent par respect ou par crainte, mais c'est bien agréable.

Le côté ludique de l'éducation, on l'aura compris, n'est pas aussi développé en France. L'écolier français comprend très jeune que l'école, c'est sérieux. L'instituteur parle. L'enfant écoute en regardant l'instituteur. Une orientation du regard qui correspond bien à la conception française de l'autorité. Celle-ci, qu'elle soit le maître d'école ou l'Etat, se trouve en haut et aspire à être le point de rencontre privilégié des individus. Les relations horizontales directes qu'ils peuvent avoir entre eux passent au second plan. L'émulation à la française relève plus de l'exemple et du mimétisme que de la prise de confiance en soi.

Les Français savent trop de choses. Dès leur plus jeune âge, l'Education nationale insiste pour leur inculquer des connaissances en grand nombre. Ceux qui ne peuvent pas les apprendre sont marginalisés, parfois définitivement. Les autres ont la tête pleine à un âge très tendre mais seule une minorité jouira aussi d'une tête bien faite. L'esprit de découverte s'en ressent. L'érudition à marche forcée ne rend apparemment pas gai.

A l'inverse, les jeunes Américains savent peu. Cette absence d'épaisseur culturelle les allège de la pesante profondeur qui mine les Européens, et leur permet d'exploiter à leur pleine puissance les atouts prodigieux de la superficialité. Il semble qu'elle rende souriant. Ils s'investissent facilement dans l'action. Leur intelligence n'est pas structurée verticalement à partir de postulats savants. Elle est opportuniste. Elle sent le vent. Le résultat compte plus que le raisonnement. Leur aptitude à changer d'avis est sans limite. Ils recomposent en permanence le paysage de leurs projets. Ils sont infiniment mobiles. Ce sont des nomades. Changer de maison, d'Etat, de femme ou de paradigme? No problem! Dans ce contexte, l'optimisme n'est pas une option, c'est une nécessité.

Faute d'une histoire assez ancienne, ils avalent le présent sans mâcher et se droguent au futur. Leur culture, c'est eux-mêmes, ici et maintenant. Ce n'est pas

une galerie de portraits et de châteaux. Ils se dépei-
gnent tels qu'ils sont, sans s'abîmer dans le passé. Ils
pratiquent une culture plus tactile, moins intellectuelle que la nôtre. Les grands écrivains américains se
distinguent d'ailleurs par leur capacité hors du
commun à décrire les objets physiques : une voiture
le long d'une route immense du Nouveau-Mexique,
un cadavre sur une décharge publique de Los
Angeles, les traits d'une très vieille ivrogne de Brook-
lyn. C'est à cette culture-là que les gamins s'entraî-
nent très tôt.

Une école française réserve encore d'autres surprises. Observez une cour de récréation américaine.
Les écoliers de 7 ans courent et se poursuivent avec
leur sac à dos sur le dos. En France, c'est impossible. Non pas à cause d'une discipline trop sévère,
mais tout simplement parce que le cartable est bien
trop lourd, comme le rappelait récemment *Le
Figaro*. Parents et enseignants français lancent leurs
petits de 7 ans dans la vie avec plus de huit kilos
sur le dos : une trousse, une boîte de compas, vingt-
quatre crayons de couleur, six manuels, un diction-
naire, quatre cahiers d'exercice, des affaires de gym
et un goûter. En plus d'être illégal, le poids du bât
prouve que le bien-être de l'enfant est considéré
avec moins d'attention que sa formation intellectuelle.

Aux Etats-Unis, comme dans toutes les sociétés d'immigrants, les enfants sont les dépositaires des rêves de leurs parents. Ceux-ci transcendent grâce à leur descendance les traumatismes de l'exil et la brutalité de l'existence. Cette philosophie des premiers pionniers a laissé des traces profondes chez les générations qui ont suivi. Encore aujourd'hui, l'enfant est une pierre précieuse. On ne le brusque pas. On ne lui dit pas : « Tais toi, tu nous casses les oreilles! » Il vous cassera les oreilles si ça lui chante. On ne lui dit pas plus : « Ecoute les adultes. Tu parleras quand on t'interrogera. » Non. Il parlera quand bon lui semblera. Le respect des parents n'est pas un dogme aussi tranché qu'en France.

Dans le discours politique, le rapport à l'enfance se retrouve. Pour les Américains, l'enfant est un argument politique perpétuel. Il est la justification ultime des sacrifices que l'on demande aux électeurs. Quand les républicains imposent des restrictions budgétaires afin de réduire la dette, ils expliquent qu'il serait moralement condamnable de faire peser sur « nos enfants » des erreurs de gestion.

En France, les enfants interviennent rarement dans le discours politique comme sujet autonome, autrement que comme le prolongement de leurs parents. La solidité de la famille française explique en grande partie cette identification des deux générations. Parents et enfants, frères et sœurs, se voient beaucoup tout au long de leurs vies. Ils se connaissent très bien. Les liens tissés sont beaucoup plus étroits. La perpétuation de la société exige de la discipline de la part de chacun. Les enfants sont priés de s'inscrire dans ce processus. Leur mission est avant tout de succéder à leurs parents. Les bambins sont donc plus éduqués, instruits, que développés. Après une dizaine de siècles, le jeu de relais est si bien rodé, il est devenu si instinctif, qu'on n'y pense pour ainsi dire plus.

Les parents américains n'ont pas cette chance. Les distances et le monde du travail leur imposent un déchirement inévitable. Leurs enfants partiront loin d'eux. Mieux vaut, dès le départ, leur offrir les moyens de se débrouiller seuls. L'enseignement prodigué aux petits Américains reflète simplement cette réalité. Leurs enfants n'ont pas pour mission de les imiter. Ils ont le droit de devenir ce qu'ils veulent. Ils sont libres, mais ils sont seuls.

LA JEUNESSE TRAHIE

Parmi les bonnes surprises que réserve un retour en France, il ne faudrait surtout pas oublier les adolescents. Ils restent une source d'étonnement pour qui revient d'outre-Atlantique. On est frappé par leur personnalité indépendante et riche. Ils choisissent leurs centres d'intérêt de manière autonome. Ils lisent, ils réfléchissent, se parlent entre eux. De l'analyse, ils ont le goût et la capacité. En un mot, ils sont intéressants. Ceux qui ont suivi une scolarité normale dans des établissements convenables savent beaucoup de choses. Ils sont curieux. Leur esprit fonctionne.

A l'adolescence, la discipline inculquée dès les petites classes devient rentable. La culture générale qui en résulte favorise le débat et arme les adolescents pour tenir leur place. Malgré les flottements inhérents à cette phase de l'existence, l'adolescent français semble bien intégré dans la vie. Une des sources de l'équilibre se trouve sans doute dans la coexistence des générations. L'adolescent est soumis en même temps aux influences de ses amis et de ses parents. Elles se heurtent souvent, mais continuent d'exister ensemble. Une relative harmonie qui permet d'évoluer sans à-coups excessifs vers la vie active.

Une Française de 15 ans est parfois un spectacle radieux. Sur le fond d'insouciance de l'enfant qu'elle est toujours, l'âge adulte se profile discrètement, envahissant lentement le tableau sans le saturer brutalement. L'adolescence est alors un âge de rêve car l'intelligence des choses et des gens se développe pendant quelques années sans que cet apprentissage psychologique et social soit perturbé par les responsabilités.

Quelle différence avec les adolescents d'outre-Atlantique ! Là-bas, l'adolescence est toujours une guerre. Elle ne s'achève pas toujours sur une victoire. Après dix ans pendant lesquelles l'enfant a végété agréablement, sans structure mentale ou intellectuelle, dans des systèmes primaire et secondaire médiocres, il percute deux réalités de la vie : l'argent et la sexualité. Pour les gérer, le teenager est mal équipé. Depuis sa tendre jeunesse, on l'a gavé de civisme, mais il n'a connu ni la discipline ni un enseignement digne de ce nom.

Le résultat de la collision est parfois effrayant.
Tous milieux sociaux confondus, l'adolescent américain n'est pas séduisant. Chassé du paradis trop
douillet qu'était son enfance, conscient de la brutalité
de ce qui l'attend dans le monde du travail, il s'enivre
à toute vitesse de la brève liberté qui lui reste. Ses
parents symbolisent l'avenir inquiétant qui se profile.
Il entretient avec eux des rapports très agressifs mais
la rebellion, qui n'est pas sous-tendue par une vraie
culture, ressemble plus à un hurlement de désespoir
qu'à un projet de société.

Sa culture, il la trouve dans les magasins de vêtements. Ils lui offriront un *look* : du néo-grunge, méti-
culeusement pouilleux, à Timberland, pseudo-rural
chic, ses dollars auront le choix. L'adolescent devient
alors l'intérieur de ses vêtements. Ensuite, ils se
réunissent en bande par affinités vestimentaires et
boivent de la bière, sans parler. Qu'on ne se rassure
pas ! Le trait est à peine forcé.

Le *college*, c'est-à-dire l'université, vient à point
nommé pour enrayer cette dislocation de l'adolescence. L'enseignement supérieur va canaliser cette
énergie brute qui bouillonne. Elle va le faire dans le
sens d'une spécialisation à outrance qui correspond
au profil souhaité par les entreprises américaines. Les
cursus d'ingénieur seront peu courus car ils débou-
chent sur des professions mal payées. Les études de
droit des affaires remporteront un grand succès. On

peut y amasser des fortunes. A l'université, toutes les combinaisons sont possibles, mais les établissements gardent toujours l'œil rivé sur les débouchés. Pas question de faire du chinois sans s'initier au marketing et au commerce. Parler le mandarin n'est un atout que si cette capacité linguistique est doublée d'une compétence active, chiffrable en kilodollars par an.

Les commissions d'orientation, qui sont présentes au sein de tout *college*, prodiguent des conseils en continu aux étudiants pour optimiser leurs choix. C'est un service qui fonctionne bien. Après tout, les étudiants paient. Très cher. De l'ordre de 150 000 francs par an pour un établissement de la Ligue du Lierre, le club ultra select des plus vieilles universités. Pour un tel prix, le service doit être impeccable. Si les professeurs ne leur conviennent pas, ils sont révoqués. Si les débouchés déçoivent, c'est le président de l'université qui saute. Familles, étudiants et entreprises contrôlent la qualité.

Les meilleurs *colleges* sont privés et hors de prix. Les entreprises et les institutions fédérales viennent constamment s'y vendre dans l'espoir de recruter les meilleurs. Ces établissements sont à la fois des temples de la recherche, de véritables clubs Med en matière sportive et des entreprises souvent très florissantes grâce aux dons des anciens placés en Bourse. Harvard brasse des sommes de l'ordre du milliard de dollars. Le campus de Stanford est une véritable petite ville posée à côté de Palo Alto (Californie), avec ses magasins, sa librairie, deux cinémas, une vingtaine de courts de tennis, une cathédrale superbe, quatre chorales, des orchestres et plusieurs clubs de rencontre réservés aux lesbiennes, pour ne prendre qu'un tout petit nombre d'exemples.

On trouve aussi des universités publiques de grande qualité. Au nord de San Francisco, la très fameuse Berkeley est accessible à toutes les bourses à condition de franchir l'épreuve de l'admission. Et même dans les universités privées, le manque d'argent n'est pas un obstacle insurmontable pour les étudiants prometteurs. Les universités et de nombreuses fondations distribuent des bourses. En règle générale, bien entendu, les parents d'enfants normalement doués doivent mettre de l'argent de côté dès la naissance de leurs enfants s'ils veulent les inscrire dans de bons *colleges* privés. C'est cher, dur, long.

Le système américain pèche certainement par son coût, mais il a prouvé son excellence, et il l'a prouvé de manière planétaire. Dans pratiquement tous les grands pays, des ministres ont fait leurs études dans des universités américaines. Grâce au soin que les établissements américains mettent à suivre le parcours de leurs étudiants, les listes d'anciens représentent une mine en termes de futurs liens économiques, culturels et politiques. En Indonésie, par exemple, les

anciens de Stanford sont légion dans la haute fonction publique, la politique et la finance. L'Université
américaine est un réseau d'influence mondial. En
Corée du Sud, dans la seule administration, on
compte mille cinq cent titulaires d'un PhD d'une université américaine.

Le retour en France est déconcertant parce que l'adolescent parcourt ici un trajet inverse, de la stabilité
vers l'inconnu. A l'âge de 18 ans, le jeune Français
subit un choc rude. Après des études secondaires bien
structurées au cours desquelles il a été guidé sans
faille, l'adolescent français passe son bac, un examen
considéré comme difficile aux Etats-Unis puisqu'il
donne droit à une équivalence de deux années universitaires dans certains Etats. A cet instant précis, la
formation à la française fait une embardée. Soit le
bachelier se dirige vers les grandes écoles et leur scolarité bien balisée, soit il entre à l'Université. Celle-ci
est gratuite, mais en ruine.

Les réformes ont sans doute succédé aux
réformes, comme d'habitude, mais les jeunes continuent de s'entasser dans des universités-culs de sac.
Sans généraliser la débâcle, il faut tout de même bien
juger l'ensemble du dispositif universitaire à partir de
ses éléments les plus contestables, sauf à admettre
que certains étudiants français méritent d'étudier
dans des universités-poubelles.

La tristesse, la saleté des établissements, la faiblesse de leurs équipements informatiques, l'inexistence de leurs installations sportives, la motivation dévastée des étudiants, tout cela interdit définitivement à l'Etat de prétendre qu'il est réellement préoccupé par le sort de la jeunesse. Régulièrement, la colère des étudiants explose, et l'Etat lâche quelques concessions-rustines. Du rafistolage.

La dernière réforme de l'Université en date, prévue pour entrer en vigueur à la fin de 1997, est sans aucun doute plus subtile que les précédentes. Malheureusement, l'argent manque cruellement pour en financer la mise en œuvre. Il y en avait pourtant beaucoup, de l'argent, pendant les années quatre-vingts !

Il existe bien sûr des universités françaises de qualité, comme Assas ou Dauphine à Paris, et quelques autres en province. Elles montrent bien à quel point l'égalitarisme dogmatique a fini par accoucher du monstre qu'il dénonçait : un enseignement supérieur à plusieurs vitesses, l'Université occupant en général le bas du tableau.

Les parents auraient pu se réveiller plus tôt. Avait-on le droit, en échange de la gratuité des études, de se laver les mains de l'enseignement ? Ce n'est pas parce que l'Etat supervise les universités depuis des siècles qu'il fallait lui faire confiance les yeux fermés. Ils ont

laissé l'Education nationale se charger de lancer les
jeunes dans la vie active, elle qui ne connaît rien à la
vie active.

Face aux puissants syndicats d'enseignants, il
aurait fallu constituer, comme dans l'enseignement
primaire et secondaire, des lobbies de familles
capables de faire pression sur les hommes politiques,
de les sanctionner pour toutes leurs promesses non
tenues. Apparemment, ce n'est certes pas dans la tradition française de s'organiser contre l'Etat. Bilan :
des centaines de milliers de jeunes qui errent. S'ils
errent trop longtemps, leur vie sera définitivement
gâchée. Parents, Etats, Université, tous sont coupables de non-assistance à personnes en danger. Les
conséquences de cette démission sont énormes. Coincés entre une Université qui les a trahis et un marché
du travail qui les rejette, les jeunes se fanent.

Depuis vingt ans, rien de concret n'a été fait pour
mettre au travail les 18-25 ans. Leur inquiétant taux
de chômage en témoigne. Les statistiques officielles
font état d'un « actif » de moins de 25 ans sur quatre
au chômage. Le chiffre réel est probalement encore
plus terrible, puisque tous ceux qui végètent dans des
stages sans lendemain ne sont pas pris en compte
dans les calculs du gouvernement. Tous les pays
d'Europe sont peu ou prou la proie du chômage des
jeunes, mais la France est la lanterne rouge dans sa
catégorie. Depuis six ans, c'est l'OCDE qui l'affirme,

seulement 35 % des Français âgés de 16 à 25 ans ont un emploi. C'est très peu si on compare avec l'Italie (46 %), l'Allemagne (63 %) et surtout la Grande-Bretagne (82 %).

Les erreurs sont commises très tôt par les étudiants et par leur entourage. En France, l'orientation est un parent très pauvre au sein du monde universitaire : un conseiller pour 1 350 jeunes dans le secondaire ; un conseiller pour 18 000 étudiants à l'Université. Les conséquences de ce laisser-aller sont édifiantes : moins de la moitié des étudiants se déclarent motivés par leurs études et près de 70 000 d'entre eux quittent la fac à la fin de la première année, amers et sans le moindre diplôme. Pourquoi s'étaient-ils engagés dans cette voie à l'origine ? Souvent, parce que leurs parents les y avaient contraints manu militari. Obsédés par le désir que leurs enfants obtiennent les diplômes qu'ils n'ont jamais pu avoir, certains parents exigent de leurs rejetons qu'ils étudient sans fin, quitte à les garder éternellement à la maison. L'Université s'est adaptée à cette diplômite aiguë. Elle a multiplié les cursus longs débouchant sur des diplômes creux dont les entreprises ne veulent pas.

L'orientation et le placement sont, eux aussi, à deux vitesses. Il n'y a plus rien de commun entre les équipes efficaces dont disposent les étudiants d'écoles de commerce, même moyennes, et le désert que sont

certaines universités. Une chose est sûre : cette différence est bien plus forte qu'entre l'illustre Harvard et
la relativement médiocre université d'Etat du Kansas.
Même dans cette dernière, l'orientation est une
priorité.

Dans l'Hexagone de 1997, la jeunesse est traitée plus
comme une nuisance que comme un atout. L'atmosphère lui est hostile. Tout le discours public présente
comme un problème, et non comme une opportunité,
le fait que des centaines de milliers de jeunes diplômés se présentent chaque année sur le marché du travail. Cette attitude générale fait encore reculer leur
motivation.

La grande malédiction nationale frappe indistinc-
tement les non diplômés et les diplômés. De plus en
plus, ces derniers sentent le vent du boulet. Si la
situation des simples bacheliers ne s'est pas aggravée
depuis quatre ans, les Bac + 2 sont de plus en plus
souvent au chômage. Quant aux Bac + 5, ils en sont
parfois réduits à mentir sur leurs qualifications pour
tenter de trouver un emploi, n'importe quel emploi,
et pour ne plus s'entendre dire qu'ils sont sur-
qualifiés.

Une fois son diplôme obtenu, l'étudiant français
se retrouve abandonné à lui-même sur un marché du
travail qui n'est pas seulement bouché mais aussi de
plus en plus difficile à déchiffrer. L'Etat multiplie les

acrobaties administratives pour forcer le monde du travail à les accepter, mais cette greffe artificielle prend mal. Les entreprises françaises ont joué les Ponce Pilate. Elles se sont lavées les mains de l'orientation des étudiants, au lieu de travailler la main dans la main avec l'Université pour que celle-ci fabrique une force de travail adéquate.

Il est vrai que l'enseignement supérieur a vigoureusement dissuadé les entreprises de prendre leurs responsabilités. Soucieux de ne pas « livrer les étudiants aux patrons », les universitaires leur ont interdit de s'en mêler. Les patrons ont donc appris à payer leurs impôts sans s'occuper du reste. Cette mentalité ancrée de longue date les rend souvent imperméables aux vertus des stages, alors que leurs homologues allemands investissent beaucoup de temps et d'argent dans la formation des personnels dont ils ont besoin.

Outre-Rhin, où le bon sens se fraie plus facilement un chemin dans les esprits qu'en France, patrons et universités ont compris que le savoir ne donne plus le pouvoir. En 1997, ce n'est plus le savoir – une denrée trop rapidement périssable – qui a de la valeur, mais le savoir-faire, c'est-à-dire la maîtrise d'un outil, qu'il soit manuel, technique ou intellectuel. Sauf dans quelques cas très particuliers, les formations théoriques n'intéressent plus les employeurs. Le prolongement logique de cette nouvelle donne : des études courtes et ciblées, avant une formation sur le tas au sein d'une entreprise.

Malheureusement, c'est tout le contraire des habitudes françaises où l'on aime à penser que les bons diplômes font les têtes bien pleines et « permettent ensuite de faire ce que l'on veut ». Ou plutôt de faire n'importe quoi, corrigent les mauvaises langues. Du point de vue des patrons hexagonaux, les stagiaires sont des étrangers venus du monde hostile de l'Université. Au lieu de voir en eux une richesse pour l'entreprise, ils se contentent en général de les accueillir pour faire des économies de charges sociales au gré des plans de plus en plus fumeux conçus par les cabinets ministériels. L'étudiant stagiaire est une pompe à fric pour l'entreprise, avant de redevenir un chômeur quand sa présence cesse d'être subventionnée.

Les chiffres de l'éducation française sont édifiants. Avec 1,1 million de salariés, l'Education nationale est la plus grande entreprise d'Europe. Elle engloutit environ 270 milliards de francs par an, c'est-à-dire un cinquième du budget de la nation, auxquels il faut ajouter une somme équivalente payée par les régions, les départements et les communes : 500 milliards de francs pour un outil dont l'inefficacité est de plus en plus criante.

Par rapport à ses pairs, la France investit relativement peu dans sa jeunesse. L'OCDE a calculé la part du PIB par habitant qui est consacré à l'enseignement. Parmi les pays riches, la France, quatrième puissance économique de la planète, arrive au onzième rang pour les dépenses en faveur de l'Ecole et du Lycée, et au dix-septième rang en ce qui concerne l'Université. Dans un entrefilet sur « La France radine », *Le Nouvel Observateur* ajoutait récemment que ce pays est capable de dépenser 450 000 francs pour former un polytechnicien (le prix de trois années d'études dans une bonne université américaine), mais que l'investissement moyen par étudiant n'est que de 34 000 francs : trois fois moins que ce que l'Allemagne dépense pour chacun de ses apprentis!

LA SINÉCURE DU FONCTIONNARIAT

Pas très rassurés par l'Université et effrayés par la perspective du chômage, les jeunes Hexagonaux se présentent en masse à tous les concours administratifs qui passent à leur portée. Une enquête réalisée en mars 1997 par l'association Jeunesse et Entreprises révélait que 43 % des lycéens souhaitent devenir fonctionnaires, alors que 23 % visent le commerce ou les services. Seulement 11 % expriment la volonté d'entrer dans l'industrie. Le parfum de licenciements qui se dégage du secteur privé a créé une psychose telle que, même dans les sections scientifiques, moins de 15 % des futurs bacheliers songent à entrer dans l'industrie. Cette hantise des jeunes est justifiée. Ils savent que les diplômes protègent de moins en moins du chômage car les patrons jugent que les diplômés ne sont pas les plus entreprenants. Bon an mal an, en

France, entre 100 000 et 150 000 jeunes diplômés restent sur le carreau.

La fonction publique est devenue plus que jamais le refuge de prédilection pour les Français, parce qu'ils ont peur de perdre leur emploi, peur de l'Europe, peur des multinationales, peur des entrepreneurs, ces sauvages qui voudraient embaucher et débaucher en fonction des seuls besoins de leurs entreprises. S'il fallait définir en 1997 un rêve français qui puisse servir de pendant au fameux rêve américain, ce serait la fonction publique. Pas très affriolant, mais le paradoxe est savoureux. La crise d'un système où les fonctionnaires sont déjà surreprésentés déboucherait sur une augmentation sans fin du nombre de fonctionnaires.

Plus on est jeune, plus l'attraction pour le statut de fonctionnaire est forte. Jacques Chirac a beau promettre un Etat moderne et donc modeste, Alain Juppé peut bien jurer qu'il va faire fondre la « mauvaise graisse » que représentent les fonctionnaires en surnombre, la profession est plébiscitée. La presse spécialisée s'aligne sur cette mode. En avril 1997, le numéro spécial n° 17 de la revue *Rebondir* proposait un dossier spécial : « Devenir fonctionnaire : salaires, avantages, perspectives. » C'est dire !

L'engouement marque toutes les générations. Un sondage BVA le détaillait, à l'automne 1996. Neuf interviewés sur dix affirment qu'ils seraient fiers de voir leurs enfants embrasser la fonction publique. Huit sur dix reconnaissent que les fonctionnaires sont privilégiés par rapport aux salariés du secteur privé, mais cette constatation ne débouche pas sur un ressentiment, au contraire. Seulement trois personnes sur dix demandent que la sécurité de l'emploi soit retirée aux fonctionnaires. Honnêtes, efficaces, utiles travailleurs, tels sont ils vus à travers le prisme de la précarité. Etre fonctionnaire, c'est la pérennité, une vie calme, sûre, prévisible, sans cette odieuse question de savoir de quoi l'avenir sera fait. Et puis, c'est beau, un fonctionnaire, c'est un morceau de l'Etat, une molécule du Roi.

Afin d'accommoder le goût hexagonal pour la récrimination, une certaine schizophrénie est de mise. En cas de mauvais fonctionnement de l'appareil d'Etat, tous les torts sont attribués à l'administration, mais les fonctionnaires s'en sortent à peu près. En tout cas, les fonctionnaires de base. Par exemple, quand les salariés en perpétuel sursis du secteur privé ne peuvent pas se rendre à leur travail parce que des fonctionnaires privilégiés de la SNCF font grève, on attendra en vain un lynchage verbal. Le secteur privé, surtout les ouvriers, applaudissent à tout rompre.

Les hauts fonctionnaires, eux, ne jouissent pas de la même réputation dans l'opinion. Les assauts répétés de la presse, les affaires de corruption mêlant la haute fonction publique et le personnel politique, tout cela a brouillé l'image des hauts fonctionnaires. L'ENA est sous le feu permanent des critiques et certains proposent de la supprimer purement et simplement. Source de renaissance de la fonction publique quand elle avait été créée en 1945, l'école est devenue un étouffoir de la vie politique en recouvrant d'un enduit bureaucratique toutes les authentiques lignes de fracture au sein de la société.

L'école, qui forme sans doute les technocrates les plus pointus du monde, est devenue le symbole des dysfonctionnements de la République. Les grands corps de l'ENA, l'Inspection des Finances, le Conseil d'Etat, la Cour des comptes, truffent banques et entreprises publiques – le privé n'est plus épargné – de jeunes hommes et de jeunes femmes, issus de cabinets ministériels et parachutés à haut niveau sans avoir été testés dans une entreprise. On les identifie à leurs titres un tant soit peu pompeux : Conseiller spécial du Président, Directeur de la stratégie, Chargé de mission. L'efficacité de ces fonctionnaires pantouflards est parfois mise en doute par les salariés « ordinaires » de ces entreprises, agacés, on le comprend, par ces arrogantes météorites.

La liste est interminable. Anne Lauvergeon, l'ancien secrétaire général adjoint de l'Elysée, qui s'envole d'un coup vers les sommets d'Alcatel, Jean-Marie Messier qui quitte le cabinet d'Edouard Balladur, entre par la très grande porte chez Lazard et se retrouve propulsé tout jeune à la tête de la CGE et de ses dizaines de milliards de francs de chiffre d'affaires.

Ces trajectoires ont de quoi faire rêver, mais aussi de quoi inquiéter quand on sait que ce sont de hauts fonctionnaires aux parcours semblables qui ont présidé à l'évaporation de centaines de milliards de francs dans le secteur public pendant les années quatre-vingts. Jean-Yves Haberer, président du Crédit Lyonnais pendant les folles années de gaspillage, restera comme l'archétype de l'énarque disjoncté.

Les temps changent, tout de même. De nos jours, le chant des Grands Corps se fait plus triste au fond des bois. L'Europe aidant, la décentralisation poussant, l'Etat recule dans l'industrie, dans la banque et dans les administrations locales. L'Etat rapetisse et l'aquarium où peuvent s'ébattre nos hauts fonctionnaires devient plus exigu, les coups de nageoires plus vicieux. Quand l'administration était toute-puissante, il était important pour les entreprises d'embaucher des fonctionnaires aux carnets d'adresses bien remplis et prometteurs de juteux contrats publics. C'est de moins en moins vrai.

La sinécure du fonctionnariat n'est plus ce qu'elle était. Les énarques doivent maintenant faire la preuve d'une compétence professionnelle tangible, autre que l'entregent, pour décrocher un poste dans le privé. Cette révolution culturelle secoue durement l'école. Elle pèse sur le moral des étudiants qui portent déjà le deuil du pantouflage disparu. Les énarques vont devoir montrer qu'ils sont rentables. Aïe!

Aux Etats-Unis, la fonction publique attire moins que les affaires. Un homme ambitieux pris en flagrant délit de service public mettra aussitôt les choses au point. « Non, non, pas du tout. Je ne suis pas fonctionnaire de carrière. Avant, j'étais dans les affaires », proteste ce responsable de haut niveau du Conseil national de Sécurité de la Maison-Blanche. Ce soir de l'été 1993, il a presque l'air de s'excuser. Il a suivi Bill Clinton à la Maison-Blanche pour s'occuper d'affaires africaines, mais cette parenthèse lui coûte, à l'évidence. Il ajoute d'ailleurs, à mi-voix : « Je vais garder ce job, mais pas plus de deux ans. Pendant ce temps, mes affaires sont en roue libre. Ça ne peut pas durer. Et puis je me sens mal en bureaucrate, même à ce niveau. »

Aux Etats-Unis, la fonction publique est un mal nécessaire, rarement une vocation. Le seul club qui fasse penser à notre Ecole nationale d'Administration, c'est la diplomatie où des dynasties d'ambassadeurs maintiennent la tradition en pestant contre la nomination de personnalités politiques dans les capitales les plus brillantes. En fait, les diplomates de carrière ne peuvent le plus souvent que rêver à Paris, Moscou ou Londres. Pour la capitale française, les frais de représentation sont tels, et les allocations budgétaires si restreintes qu'il vaut mieux être multimillionnaire comme feu Pamela Harriman, pour occuper ce poste.

En dehors de la diplomatie, donc, la haute bureaucratie fédérale a parfois du mal à arracher au secteur privé les bons éléments qu'elle souhaite intégrer dans le gouvernement. Il est d'ailleurs significatif que certaines tranches d'âge soient largement absentes des administrations présidentielles. On y trouve des hommes et des femmes très jeunes, de moins de 35 ans, puis des personnes mûres âgées de plus de 50 ans. La génération intermédiaire est très clairsemée. Entre 35 et 45 ans, les Américains gagnent de l'argent. La politique et la fonction publique sont des récréations amusantes mais on ne peut pas se les offrir éternellement.

Quand il faut absolument s'y coller, on s'arrange pour que l'opération soit la plus rentable possible sur le moyen terme. En faisant par exemple des allerretours permanents entre la bureaucratie fédérale, voire le Gouvernement, et le secteur privé. Les Américains sont des « pantoufleurs » nés.

Il n'est pas rare de voir un ministre américain démissionner de son poste et réémerger quelques mois plus tard comme lobbyiste au service d'intérêts privés actifs dans le secteur dont il avait précédemment la responsabilité. Dans certains cas, les ministres passent carrément au service de gouvernements étrangers concurrents des Etats-Unis dans le secteur en question. L'ancien ministre devient donc un agent étranger ouvertement et royalement rémunéré. C'est un peu surprenant, bien sûr, mais c'est parfaitement légal. Vécue de cette manière, la haute fonction publique a du bon.

Même à niveau moindre, il est utile de faire un bref passage dans la bureaucratie pour retourner ensuite dans les affaires, ne serait-ce que pour s'y retrouver dans les méandres, d'une stupéfiante complication, de la bureaucratie américaine. Avoir travaillé dans le bureau d'attribution des licences de médicaments donnera un avantage décisif pour l'embauche dans une compagnie pharmaceutique.

La fonction publique comme vocation, c'est assez rare aux Etats-Unis. Le phénomène est surtout fréquent dans les couches les plus vulnérables de la population. Pour compenser leur handicap historique, les Noirs, les hispaniques et les femmes ont obtenu pendant les années soixante des quotas d'emplois dans la fonction publique. C'était le but de l'*affirmative action* voulue par le président Kennedy.

Ces communautés ont donc développé un véritable sens du service public, à défaut de créer un service public efficace. La poste, les trains, le ramassage des ordures, provoqueraient des émeutes en France, s'ils étaient assurés comme ils le sont dans certaines grandes villes américaines, notamment à Washington, une municipalité en situation chronique de banqueroute. Dans les meilleurs quartiers de la capitale fédérale, les ordures ménagères ne sont ramassées qu'une fois par semaine, y compris au cœur de l'été, quand la température est accablante et que le degré d'hygrométrie frise les 100 %. Les éboueurs ne font presque jamais grève, mais ils oublient parfois de passer.

Ce n'est pas uniquement à cause de ses prestations douteuses que la fonction publique n'a pas bonne réputation aux Etats-Unis. La sécurité de l'emploi n'est tout simplement pas une obsession comme en France. Les jeunes Américains ont envie de gagner de l'argent. C'est ainsi qu'ils assurent l'avenir.

Les jeunes Hexagonaux ont une approche moins directe, mais tout aussi intense de l'argent. Les salaires relativement modestes de la fonction publique n'ont pas de quoi enthousiasmer mais l'essentiel est dans les à-côtés. Les primes, les avantages en nature, les régimes spécifiques de départ à la retraite, voilà le sel du statut de fonctionnaire. La France est une terre de privilèges.

ABOLITION DES PRIVILÈGES, II

En mai 1994, David Watkins, un vieil ami de Bill Clinton nommé directeur de l'administration de la Maison-Blanche, est pris la main dans le sac. Il a utilisé Marine One, l'hélicoptère du président, pour aller jouer au golf. Le *Frederick News-Post*, une gazette du Maryland, vient de lever l'affaire et le public demande des explications. Le carburant consommé pendant le vol représente une somme de 10 000 dollars. Le président Clinton présente publiquement ses excuses et promet que le personnel de la Maison-Blanche va réparer cette indélicatesse en remboursant les contribuables. George Stephanopoulos, son conseiller spécial, passe alors dans les bureaux pour faire la quête. Puis Watkins démissionne.

Aux Etats-Unis, abuser des *perks* – les privilèges que confère le pouvoir – est fréquent, mais c'est

risqué. Les Américains veulent croire que leur présidence est pure et, surtout, ils suivent de très près ce
que l'on fait de leurs impôts. John Sununu, le premier
secrétaire général de la Maison-Blanche de la présidence Bush, avait dû démissionner lui aussi pour
avoir trop utilisé les avions militaires dans ses dépla-
cements privés. Ces exemples feront sans doute rire
aux larmes le monde politique hexagonal, mais ils
forment une bonne toile de fond pour décrire nos
scandales microcosmiques.

En 1995, Alain Juppé est pris en flagrant délit d'oc-
cupation d'un appartement de la Ville de Paris à
loyer douillet alors qu'il est déjà à l'hôtel Matignon
où le Premier ministre dispose d'un logement de
fonction. On découvre à l'époque que son fils est
lui aussi logé à des conditions préférentielles impo-
sées directement par M. Juppé. Le Premier ministre
passe plusieurs fois à la télévision et prend un air
excédé pour répondre aux questions polies des
journalistes. Il est évident, à le regarder, qu'il
estime ne pas avoir de compte à rendre au pays à
propos de son loyer. Tout dans son attitude semble
dire qu'il mérite ses privilèges. Sous une pression
médiatique au demeurant modeste, M. Juppé quitte
bientôt son appartement sans formuler la moindre
excuse, mais il n'envisage pas une seconde de
démissionner et il ne rembourse pas la coquette

subvention déguisée que représentait son ancien loyer.

Autres pays, autres mœurs. A titre de comparaison, en décembre 1994, Mike Espy, le secrétaire américain à l'Agriculture remettait sa démission après un barrage médiatique de plusieurs semaines. Sa petite amie avait accepté une bourse de 6 000 francs de la part d'une société fabriquant des produits agro-alimentaires. Il y avait une possibilité de conflit d'intérêts. Cette société avait également offert quelques facilités aériennes au ministre pour se rendre à des compétitions sportives. Après des excuses publiques, M. Espy avait proposé de rembourser les sommes assez dérisoires incriminées, mais en vain.

En France, le privilège est presque un mode de vie. Que fait, par exemple, un conservateur des Hypothèques ? Pas grand-chose. Il signe des authentifications de propriété après la constitution, par ses services, du dossier requis par un notaire. C'est une fonction importante, mais apposer son paraphe n'est pas un métier bien fatigant, et qui laisse beaucoup de temps libre. Certains conservateurs touchent pourtant un salaire de 200 000 francs par mois pour ce petit geste du poignet. Les moins bien lotis perçoivent quand même 25 000 francs mensuels.

Depuis Napoléon, la Conservation des Hypothèques est l'une des plus magnifiques planques de la

République. Cette chasse est traditionnellement et jalousement gardée par les fonctionnaires de la Direction Générale des Impôts. Car en plus des salaires, les retraites sont copieuses : 75 % du salaire moyen des six derniers mois. Pour peu que le conservateur donne un petit coup de collier en fin de parcours, il s'assure une vieillesse en platine. On comprend pourquoi les conservateurs ne font pas beaucoup de publicité autour de leurs conditions de travail. Dans la France de l'Etat modeste, quand le président de la République jure qu'il s'arrête au feu rouge et qu'il vole en Falcon, leurs privilèges exorbitants pourraient provoquer quelques aigreurs.

Voire ! Ce n'est même pas sûr. En France, il existe tant de privilèges depuis si longtemps qu'ils font partie intégrante du paysage. Dans son numéro de décembre 1996, le mensuel *Capital* dressait la liste de tous les privilèges de France, ceux du privé et ceux du secteur public, ceux des ouvriers et ceux des patrons, ceux des hauts fonctionnaires et ceux des journalistes. Un hit-parade de la prébende.

Le dialogue social se réduit souvent au choc des privilèges les uns contre les autres mais on assiste aussi, à l'occasion, à une union sacrée des petits privilèges contre les grands. Dans ce cas, l'affaire se traite en général dans la rue. Les grands privilèges, eux, se protègent des réformes de manière beaucoup plus discrète. Parfois, il est donné d'assister au combat titanesque entre deux grands privilèges. Le Corps des mines et celui de l'Inspection des finances se sont livrés pendant longtemps une guerre sans merci pour le contrôle de certaines grandes entreprises publiques.

La réaction au privilège est imprévisible. C'est un mélange indéchiffrable d'envie et de solidarité. Touchez à l'un d'entre eux et une multitude d'Hexagonaux se sentiront confusément menacés. Voilà pourquoi en décembre 1995, à l'intense surprise des quelques Américains qui suivaient le psychodrame dans leurs gazettes, la France avait globalement soutenu les grévistes de la SNCF, qui font pourtant partie des salariés les plus choyés de France. Les cheminots peuvent prendre leur retraite à 55 ans, voire à 50 ans pour les conducteurs, contre 60 ans pour les salariés du privé. Il leur suffit de cotiser vingt-cinq ans, et non quarante comme dans le privé. Leur assiette représente 75 % de la moyenne des six derniers salaires mensuels, et non 50 % du salaire mensuel moyen des dix meilleures années comme dans le privé. Ce n'est pas tout. Les cheminots ont la possibilité de consulter gratuitement le médecin agréé de leur choix. Ils peuvent enfin ne rien débourser quand ils se rendent dans une pharmacie pour acheter des médicaments. Ces avantages ne provoquent pas la colère, mais la jalousie.

La psychologie collective française obéit aux lois ancestrales du choc des corporatismes, ces clubs socio-professionnels organisés autour de quelques principes et de beaucoup de privilèges. Mais on ne dit plus *privilèges*. Le mot est banni depuis la tentative d'abolition effectuée pendant la Révolution. Le vocabulaire de la France démocratique a mis au point d'infinies nuances pour les décrire. Pour les personnels roulants de la RATP ou les cheminots, par exemple, on évoque des « régimes spéciaux de retraite ».

Quand ils trouvent que leur régime n'est pas assez spécial, les contrôleurs aériens le font savoir en clouant les avions au sol. Ils savent leur pouvoir. Une des plus récentes victoires de ces techniciens, c'est la promotion à la qualification d'« ingénieurs du contrôle et de la navigation aérienne », ce qui leur donne droit, sans concours, à tous les juteux avantages des fonctionnaires de la prestigieuse catégorie A. Ils bénéficient en outre de congés payés annuels de deux mois pour une semaine de travail de trente-deux heures en moyenne. Enfin, les « primes en pile » leur permettent de doubler leur traitement pour atteindre 25 000 francs net par mois.

Certains privilèges nous viennent de la nuit des temps. Depuis le XVIe siècle, les imprimeurs sont des personnages importants. A la Libération, les ouvriers du Livre se sont inscrits dans cette grande tradition pour acquérir des avantages sans équivalent dans la catégorie des ouvriers modérément qualifiés. Les 50 000 ouvriers du Livre ont aujourd'hui le monopole de la fabrication et de la distribution d'une partie importante de la presse française. Ils travaillent trente-cinq heures par semaine et touchent des salaires annuels compris entre 200 000 et 300 000 francs par an.

En quelques siècles, la France est devenue une mosaïque de « régimes spéciaux ». Les cinquante ans qui s'achèvent ont été particulièrement fertiles. Les régimes se juxtaposent les uns aux autres, s'empilent les uns sur les autres, s'interpénètrent à tel point que la notion de lot commun est devenue très floue. La France est balkanisée par les privilèges le civisme ficelé. Des milliers de facilités catégorielles rendent le pays aussi difficile à gouverner que les trois cent soixante fromages dont se moquait le général de Gaulle.

Personne ne connaît exactement les privilèges dont bénéficie le voisin, mais on les suppose à la fois indus et exorbitants. Plus personne ne sait ce qui est juste ou injuste, légitime ou scandaleux. Le privilège a mangé le mérite. C'est la stratégie du plus petit dénominateur commun. Comme si un magicien pervers s'était mis en tête de réduire à la portion congrue tout ce qui fait le tronc commun des Français. La cohésion sociale est oubliée au profit de la paix syndicale et les privilèges prennent alors le nom glorieux d'« avantages acquis ».

Acquis, c'est-à-dire extorqués à la collectivité à cette lointaine époque où certains syndicats étaient assez puissants pour obtenir de l'Etat tout ce qu'ils voulaient. Chacun des « avantages acquis » est pratiquement indéfendable si on le replace dans le contexte économique actuel, si on met en avant les principes d'équité les plus élémentaires. Ses bénéficiaires le savent bien. Il n'y a donc pas de discussion ouverte possible. Les avantagés ne sont pas assez naïfs pour ne pas comprendre que le caractère inique de leurs privilèges y éclateraient au grand jour. Ils ne peuvent que creuser des tranchées aussi profondes que possible, pour les défendre en attendant l'inéluctable assaut final.

Bien sûr, il y a privilège et privilège. Certains régimes ont été mis au point pour compenser des conditions de travail particulièrement pénibles. Quand les routiers prennent leur retraite à 55 ans, ce n'est pas un privilège, c'est une mesure de survie. D'autres avantages viennent au secours des salaires faibles. Les journalistes, par exemple, ont longtemps bénéficié d'un abattement pour frais professionnels de 30 % limité à 50 000 francs, ce qui leur économisait environ un mois de salaire. Mais justement, ce mois n'est en général pas très copieux, si on excepte les quelques stars de l'audiovisuel qui peuvent récolter plusieurs dizaines de milliers de francs en une seule soirée de « ménage ».

Le logement est un des véhicules de prédilection du grand privilège. Le domaine privé de la Ville de Paris constitue un échantillon de choix. La capitale loge à bas loyer ses amis et leurs proches. Selon *Capital,* pour prendre un exemple, Bernard de Gaulle verse 3 580 francs pour un appartement de 200 mètres carrés près de la place des Victoires. Beaucoup de hauts fonctionnaires bénéficient de ces largesses républicaines. Ce qui peut se comprendre pour des commis de l'Etat relativement mal payés au regard de leurs responsabilités, s'admet plus difficilement pour des patrons généreusement rémunérés. Au Palais-Royal, qu'elle possède en partie, la Banque de France loge ainsi Jérôme Jaffré, le P.D.G. d'Elf Aquitaine, qui peut, suppose-t-on, se loger tout seul.

A très haut niveau, salaire et travail suivent parfois des chemins divergents. Ainsi l'EDF s'est beaucoup attachée à ses anciens patrons. Gilles Ménage, l'ancien président d'EDF, a continué de toucher son salaire annuel de 1 million de francs en attendant de retrouver un emploi qui lui plaise. Tous les contribuables lui souhaitent de trouver rapidement.

Dans le privé, les privilèges abondent également, mais ils ne mettent en cause que l'argent de la compagnie qui les distribue. De manière générale, en outre, ils sont calculés au prorata de ce que leur bénéficiaire est supposé rapporter à l'entreprise. Quand un as de la pub se voit proposer un traitement annuel de 3 millions, avec voiture, frais, bonus et « stock options », mais se fait encore prier, son nouvel employeur n'hésitera pas à rajouter des garanties pour un prêt immobilier.

Et cet administrateur d'un grand groupe, qui touche un salaire de 4 millions et plusieurs centaines de milliers de francs en jetons de présence? On le juge tellement utile qu'on lui offre en plus un appartement de 250 mètres carrés au cœur de Paris pour un loyer de grande banlieue. Il est même vraisemblable que ce patron chanceux, choyé par Air France, voyage gratuitement sur le Concorde quand il se rend en vacances à New York.

Achevé d'imprimer par
Brodard et Taupin
en mai 1997
pour le compte
des Éditions Générales F 1 R S T

N° d'édition : 427
Dépôt légal : mai 1997
N° d'impression : 1615S-5
Imprimé en France